Ernest Gellner:
Der Islam als Gesellschaftsordnung

W0228905

Klett-Cotta
im
Deutschen
Taschenbuch
Verlag

Diese Studie erschien unter dem Titel ›Flux and reflux in the faith of man‹ zuerst in: Ernest Gellner, Muslim society. Cambridge 1981, in deutscher Sprache unter dem Titel ›Gezeitenwechsel im menschlichen Glauben‹ in: Ernest Gellner, Leben im Islam. Religion als Gesellschaftsordnung. Stuttgart 1985.

Aus dem Englischen übersetzt
von Susanne und Ulrich Enderwitz

Oktober 1992
Deutscher Taschenbuch Verlag GmbH & Co. KG,
München
© 1981 Cambridge University Press
© 1985 J. G. Cotta'sche Buchhandlung Nachfolger GmbH,
gegr. 1659, Stuttgart ISBN 3-608-93043-4
Umschlaggestaltung: Celestino Piatti
Umschlagbild: Al Azhar-Moschee in Kairo (Foto Marina
Tetzner, Hamburg)
Gesamtherstellung: C. H. Beck'sche Buchdruckerei,
Nördlingen
Printed in Germany · ISBN 3-423-04588-4

Das Buch

Die Säkularisierung der Welt greift – befördert auch durch Wissenschaft, Technik und Verkehr – stetig um sich; Religionen und Kirchen verlieren immer mehr ihre das Leben des Einzelnen und der Gesellschaft mitbestimmende Kraft. Von diesem Prozeß ist nur der islamische Kulturkreis ausgenommen, dem unsere Trennung von Staat und Kirche seit jeher fremd ist. In ihm ist der Verbund von Religion und Gesellschaft sehr eng geblieben und wird durch neue fundamentalistische Bewegungen wieder verstärkt. Um diese Verzahnung von Islam und Gesellschaft, von Religion und Politik, die einer Gleichsetzung nahekommt, zu verstehen, muß man die Quellen und die historischen und anthropologischen Voraussetzungen kennen.
In dieser Studie werden sie analysiert und diskutiert, werden der Koran und die Staatslehre Ibn Khalduns, die ethnischen, kulturellen und sozialen Grundlagen sowie die ökonomischen und die Umweltfaktoren aus der Frühzeit und der Geschichte des Islam zur Erklärung des für uns heute und künftig so wichtigen Problems herangezogen und ausgewertet.

Der Autor

Ernest Gellner, geb. 1925 in Paris, studierte in Prag und Oxford, forschte im Maghreb und in der Sowjetunion, lehrte seit 1962 Philosophie an der London School of Economics und ist jetzt Professor für Sozialanthropologie am King's College der Cambridge University und Präsident des Royal Anthropological Institute in London. Von seinen zahlreichen Schriften erschienen auf deutsch: ›Leben im Islam‹, ›Nationalismus und Moderne‹ und ›Pflug, Schwert und Buch‹.

Inhalt

Im großen und ganzen scheint sich die Säkularisierungsthese zu bewähren. Ob unter dem Einfluß der Industrialisierung oder der Naturwissenschaften oder welcher Macht auch immer, die Herrschaft der Religion über das gesellschaftliche Leben ist im Schwinden begriffen. Nach Beschaffenheit und Umfang weist der Säkularisierungsprozeß eine große Variationsbreite auf, aber daß er stattfindet, läßt sich schwerlich bezweifeln.

Es gibt indes eine große und hervorstechende Ausnahme: die islamische Welt. Der Einfluß des muslimischen Glaubens auf die Völker, die ihm anhängen, hat sich durchaus nicht vermindert; eher hat er sich verstärkt. In ebendem Zeitraum, in dem die erste säkulare Weltreligion, der Marxismus, ihre Kraft eingebüßt hat und schließlich zerfallen ist, hat der Islam eine erstaunliche Fähigkeit bewiesen, die Massen zu mobilisieren. Die Revolution im Iran zum Beispiel war eine bemerkenswerte Leistung, gleichgültig, ob man die Gesellschaftsordnung, die sie ins Leben gerufen hat, gutheißt oder nicht. Sie hat die weitverbreitete Überzeugung widerlegt, daß Revolutionen nur bei Regimen erfolgreich sein können, die zuvor eine militärische Niederlage erlitten haben oder in eine Finanzkrise geraten sind, am besten sogar beides. Der Schah verfügte über eine gut ausgerüstete Armee und gewaltige Finanzmittel. Dennoch wurde er von einer Bewegung gestürzt, die kaum mehr gegen ihn aufbieten konnte als ein starkes Gefühl moralischer und religiöser Entrüstung. Das Ereignis hat die Aufmerksamkeit des Westens auf das politische Potential gelenkt, das in der islamischen Aufbruchsbewegung steckt, auch wenn für den, der Augen hatte zu sehen, die Entwicklung sich schon vorher abzeichnete. Seit den Vorgängen im Iran hat der islamische Religionseifer seine Macht auch anderswo unter Beweis gestellt.

Die muslimische Zivilisation ist lange Zeit der Nachbar Europas gewesen und wird das auch weiterhin sein. Die massive, ökonomisch bedingte Wanderungsbewegung von Muslimen aus der Türkei, dem Maghreb und dem indischen Subkontinent nach Europa hat diesem Zusammenspiel der beiden Zivilisationen eine weitere Dimension verliehen. Die muslimischen Minoritäten in den westlichen europäischen Ländern verbinden das Unbehagen, das ihre niedrige soziale Stellung und ihre Unvertrautheit mit der Kultur des Landes ihnen bereitet, mit der Empörung und Verachtung, die wahre Gläubige gegenüber lauen Apostaten empfinden. Auf dem Balkan und in den Gebieten der früheren Sowjetunion gehört die Religion zu den entscheidenden Faktoren für die Bestimmung neuer nationaler Einheiten. Bei der schließlichen Herausbildung künftiger gesellschaftlicher und politischer Formen wird sie eine wesentliche Rolle spielen.

Aus all diesen Gründen ist es wichtiger denn je, die inneren Mechanismen und Spannungsverhältnisse der muslimischen Gesellschaft zu verstehen. Der Islam gehört, wie bekannt, zur Familie der monotheistischen Religionen abrahamitischer Herkunft. Er ist nicht nur historisch gesehen die letzte der drei großen monotheistischen Erscheinungsformen, er stellt auch in mehrfacher Hinsicht den logischen Abschluß einer bestimmten Entwicklung dar. Der Orientalist Michael Cook hat darauf hingewiesen, daß der Islam die jüdische Gesetzesfixierung mit dem christlichen Theozentrismus verbindet und so einen Lebensstil hervortreibt, bei dem die ganze Gesellschaft vom göttlichen Gesetz durchdrungen ist. Der Islam ist außerdem die Religion, die, zumindest in ihrer hochkulturellen Ausprägung, den Verzicht auf Magie und Mittlertum am weitesten getrieben hat und die das größte Gewicht auf ein symmetrisches, persönliches Verhältnis zwischen den Gläubigen und der Gottheit legt. Er kann mithin eine Art von Endgültigkeit beanspruchen.

Bis heute war Europa wenig geneigt, diesen Anspruch

gelten zu lassen. Die beiden einflußreichsten Geschichts-
betrachtungen im Westen sind wahrscheinlich die Hegel-
sche und die von Max Weber. Beide zeichnet auf ganz
verschiedene Weise ein profunder Eurozentrismus aus,
und beide bringt der Islam einigermaßen in die Bredouil-
le. Für Hegel gipfelte die ganze historische Entwicklung
in Europa und im Christentum; der Umstand, daß der
Islam später kam, war unangenehm. Um sich an dieser
Tatsache vorbeizumogeln, mußte Hegel wenig überzeugende besondere Umstände bemühen (die späte Bekeh-
rung Europas zur Zeit Karls des Großen). Max Weber
hat seine Religionssoziologie des Islam nie geschrieben.
Sie hätte erklären müssen, warum der muslimische Puritanismus nicht die Wirkungen hatte, die Weber der kalvinistischen Spielart des Puritanismus nachsagte. Hegels
Philosophie war Ausdruck des Selbstbewußtseins der
Europäer, ihrer Überzeugung, daß es Europas Bestimmung sei, die Menschheit zur Vollendung zu führen, und
daß die Geschichte einem vernünftigen Plan folge, der zu
guter Letzt alles zum Besten richten werde. In Webers
Denken drückte sich der Verlust dieser Zuversicht aus.
Die Rationalität, mit der Weber sich beschäftigte, erwies
sich als zweifelhafter Segen, und ihre Früchte weckten in
ihm eher zwiespältige Gefühle als Begeisterung. Sie
brachte den Menschen nicht in Einklang mit seinem Wesen – sie raubte ihm bloß seine Seelenruhe, nötigte ihn zu
zwanghafter Produktivität und ließ ihn innerlich erkalten.
Aber weder die eine noch die andere Theorie von der
Wahlverwandtschaft zwischen Europa und der Vernunft –
die blauäugige Version Hegels genausowenig wie die am-
bivalente, süßsaure Webersche Lesart – konnte mit dem
Islam etwas Vernünftiges anfangen. Daß beiden großen
Visionen, der manischen ebenso wie der depressiven, der
Umgang mit dem Islam Schwierigkeiten bereitete, ist bezeichnend.

   Es gilt, den Islam zu verstehen. Die muslimische Zivilisation hat die moderne Welt nicht geschaffen, aber sie

scheint in ihr besser überleben zu können als der Glaube, dem die Moderne entsprungen ist. Die Moderne hat im übrigen innerhalb des Islam zu einem Sieg der hochkulturellen, puritanischen, schriftgläubigen Richtung über die Tradition des Volksglaubens mit seinem Hang zu Mittlertum und Persönlichkeitskult geführt. Das Vorhandensein dieser beiden (nie in aller Form unterschiedenen) Glaubensformen bewahrte die Muslime vor dem – für andere Länder im Zustand der »Unterentwicklung« typischen – Dilemma, zwischen Verwestlichung oder irgendeiner Art von populistischer Verklärung der eigenen regionalen Volkskultur wählen zu müssen. Nur die Türken entschieden sich rückhaltlos für die Verwestlichung, und seit seiner Gründung sieht sich der Staat des Kemal Atatürk ernsthafter Opposition von seiten der Volksreligion konfrontiert. Viele türkische Intellektuelle haben sich um eine Vermittlung in dem Konflikt bemüht. Im wesentlichen aber vollzieht sich die Reform in den muslimischen Ländern im Namen der alten genuinen und bodenständigen Hochkultur. Diese erfüllt eine Funktion, vergleichbar der des Nationalismus in Europa: Sie liefert Menschen eine neue Identität, die ihren traditionellen lokalen Gemeinschaften entrissen sind, denen die ökonomische und politische Zentralisierung den Boden entzogen hat. In Europa war die religiöse Tradition in ihrem Hauptstrang hierarchisch und ritualbestimmt, wohingegen die schriftgläubigen Puritaner ein Randphänomen waren – wenngleich sie für das Zustandekommen der Moderne entscheidende Bedeutung hatten. Im Islam war es genau umgekehrt: Die Haupttradition war nomokratisch und individualistisch, die Vertreter des Mittlertums hingegen, die Heiligen und die religiösen Orden, waren zersplittert und ein Randphänomen. Sowenig die Moderne in der muslimischen Welt entstand, sosehr führte sie doch, als sie mit Macht in deren Zivilisation von außen eindrang, zum Triumph der alten religiösen Haupttradition. Wir lernen gerade, mit den politischen Folgen dieses Triumphs zu leben.

Der gesamte Prozeß ist noch nicht abgeschlossen; für uns geht es darum, ihn zu verstehen. Die folgende Studie versucht, dazu einen Beitrag zu leisten. Ob die Antworten, die sie gibt, Endgültigkeit beanspruchen können, ist zweifelhaft. Aber vielleicht ist es dem Verfasser wenigstens gelungen, bei der Formulierung der einen oder anderen richtigen Frage mitzuhelfen.

Februar 1992   Ernest Gellner

Einleitung

Islam ist der Entwurf einer Gesellschaftsordnung. Islam bedeutet die Existenz eines ewigen, gottgegebenen und vom menschlichen Willen unabhängigen Regelsystems, das die angemessene Einrichtung der Gesellschaft bestimmt. Dieses Modell steht in schriftlicher Form zur Verfügung; es steht gleicherweise und gleichmäßig allen schriftkundigen Menschen sowie all denen, die auf schriftkundige Menschen zu hören bereit sind, zur Verfügung. Seine Regeln müssen das ganze soziale Leben durchwalten.

Im Prinzip gibt es deshalb auch keinen Anspruch auf bzw. keine Rechtfertigung für eine interne Aufspaltung der Gesellschaft in zwei Teile, von denen der eine der Gottheit näher stünde als der andere. Eine solche Absonderung würde sowohl der Gleichmäßigkeit bzw. Gleichartigkeit des Zugangs zu den Regeln als auch dem Erfordernis ihrer durchgängigen Wirksamkeit widersprechen. Die Regeln des Glaubens sind für alle da und nicht bloß oder speziell für eine Unterklasse von religiösen Spezialisten bzw. Virtuosen. Im Prinzip ist der Muslim, wenn er religiöse Bildung hat, unabhängig oder jedenfalls nicht abhängig von anderen Menschen, eingeweihten Spezialisten. (Wenn er nicht religiös ist, ist er auf lockere Weise abhängig von denen, die es sind, was von großer Bedeutung ist.) Deshalb hat offiziell der Islam keine Priesterschaft und keine kirchliche Organisation, wenngleich er Gelehrte braucht, und Kirche und Glaubensgemeinschaft haben ein und denselben Umfang. Alexis de Tocqueville hat das so formuliert: »Der Mohammedanismus ist diejenige Religion, welche die beiden Machtbereiche am vollständigsten miteinander vermengt und verwischt hat ... so daß alles Handeln im bürgerlichen und politischen Leben mehr oder minder vom religiösen Gesetz geregelt wird.«[1]

---

[1] Œuvres complètes. Bd. 3. Paris 1962, S. 174.

Tocqueville bemerkt auch die bezeichnende Identität von religiöser und sonstiger Ausbildung sowie das Fehlen eines Priestertums. Im traditionellen Islam wird zwischen weltlichem Rechtsvertreter und kanonischem Rechtsgelehrten nicht unterschieden, und die Rollen des Theologen und des Juristen gehen ineinander über. Sachverstand in bezug auf die richtige Anordnung der Gesellschaft und Sachverstand in bezug auf die Dinge, die Gott betreffen, sind ein und dasselbe.

Judentum und Christentum sind gleichfalls Entwürfe einer Gesellschaftsordnung, aber doch weniger als der Islam. Zur christlichen Lehre gehörte von Anfang an die klare Empfehlung, Caesar zu geben, was Caesars ist. Ein Glaube, der anfänglich und auch noch eine ganze Zeit danach politisch machtlos ist, hat gar keine andere Wahl, als sich einer politischen Ordnung, über die er keine bzw. noch keine Kontrolle hat, anzupassen. Innerhalb des Islam sieht die Lehre der schiitischen Konfession ebenfalls solch eine Anpassung vor, als provisorischen Zustand, in dem Caesar nicht sowohl das, was sein ist, gegeben, sondern das, was er hören möchte, gesagt wird, während man die eigene Überzeugung für sich behält. Dies sowie ein im Märtyrertum verankerter Gründungsmythos nähern den Schiismus, die zweitgrößte Konfession innerhalb des Islam, dem Christentum an. Die sunnitische Hauptströmung des Islam hingegen wurde durch den raschen Erfolg ums Märtyrertum und zu einer ambivalenten Einstellung gegenüber jeglicher Esoterik gebracht. Esoterik läßt sich von Sektierern ins Extrem treiben, wie etwa von den Drusen, bei denen die geheime Lehre so esoterisch ist, daß niemand, die Anhänger eingeschlossen, genau zu wissen scheint, worin sie besteht.

Das Christentum, das zuerst bei den politisch Entrechteten Verbreitung fand, beanspruchte damals noch nicht, Caesar *zu sein*. Eine gewisse Anlage zur politischen Zurückhaltung ist ihm von diesen seinen bescheidenen Anfängen her geblieben. Zu theokratischen Aspirationen kommt es nur gelegentlich; unter kanonischem Recht versteht man bezeichnenderweise die religiösen Satzungen im Unterschied zu den weltlichen, ganz anders als beim muslimischen *qānūn*. Der ausführlichste Versuch in Richtung auf eine Theokratie war vielleicht der byzantinische Caesaropapismus, der bezeichnenderweise eines der Vorbilder war, die dem Islam zur Verfügung standen.

Der Anfangserfolg des Islam war hingegen so durchschlagend, daß dieser es nicht nötig hatte, Caesar irgendetwas zu konzedieren. Auch das theokratische Potential des Judentums ist, verglichen mit dem Islam, unentfaltet geblieben. Obwohl die jüdische Religion ursprünglich eine Charta der Inbesitznahme des Verheißenen Lands war, erfüllte sich die Verheißung weder rasch, noch zuverlässig, noch dauerhaft. Die Situation der Diaspora war Aspirationen auf eine Ersetzung Caesars augenscheinlich wenig förderlich. (Im modernen Israel sind die Rechtsinstitutionen der autonomen Glaubensgemeinschaften unter den Osmanen, das sogenannte millet-System[1], wegen eines parlamentarischen Patts nach wie vor in Kraft. Für die erforderliche parlamentarische Unterstützung zahlen die Koalitionsregierungen den religiösen Kräften den Preis einer Aufrechterhaltung des Status quo. Dank seines Verhältniswahlsystems bildet auf diese Art Israel, gemeinsam mit dem Libanon, ironischerweise ein Überbleibsel der osmanischen Gesellschaft.)

Zwei Umstände begünstigen die größere soziale Durchdringungskraft des Islam: sein rascher und früher politischer Erfolg sowie die Idee von der Vollständigkeit

[1] Dies war ein System, durch das verschiedene religiöse Gemeinschaften im Osmanischen Reich von der Zentralregierung als autonome Einheiten anerkannt wurden. Es erlaubte ihnen, auf bestimmten, recht ausgedehnten Gebieten, etwa im Familienrecht, Selbstverwaltung zu praktizieren. Hier besaßen sie ihre eigene Rechtsprechung und konnten als Einheit mit der Zentralregierung verhandeln.

und Endgültigkeit der göttlichen Botschaft. Ersterer verhindert, daß irgendein Teil des Lebens einer nichtreligiösen Autorität überantwortet bleibt; letztere macht es so viel schwerer, konkurrierende Versionen zum religiösen Entwurf anzubieten. Das Muster fordert seine Ausführung, und neue Muster dürfen nicht geduldet werden. Michael Cook hat darüber hinaus gezeigt, wie die vergleichsweise diesseitige und säkulare Ausrichtung der jüdischen Religion auf die Regelung des Soziallebens, eine Ausrichtung, die eher in menschlicher Gesetzesklugheit als in göttlicher Autorität gegründet scheint, im Zuge ihrer Verschmelzung mit der gottbezogenen, unifikatorischen Theologizität des Christentums den spezifisch muslimischen, gottgefälligen und gottbezogenen Gesetzesglauben hervorbrachte.

Seine soziale Durchdringungskraft macht den Islam für den Religionswissenschaftler besonders interessant. Aber für dieses Interesse gibt es noch andere gute Gründe. Unser europäischer Hintergrund hat die Tendenz gehabt, die Auswahl der auf die gesellschaftliche Funktion der Religion bezüglichen Fragen zu beeinflussen. Von einem muslimischen Blickwinkel aus betrachtet, erscheinen die Dinge in einem anderen Licht.

Hauptsächlich zwei soziologische Fragen waren es, zu denen das Christentum mehr als andere Religionen inspirierte. Beide Fragen betreffen die Rolle, die es beim Aufstieg bzw. beim Niedergang einer Zivilisation gespielt hat. Die erste Frage lautet: Trug das Christentum zum Fall des Römischen Reiches bei? Die zweite lautet: Spielte ein bestimmter Teil des Christentums eine Schlüsselrolle beim Entstehen der modernen industriellen Zivilisation? Die erste dieser Fragen ist mittlerweile einigermaßen antiquiert. Es gab eine Zeit, in der diese Frage den Menschen zentral und zwingend vorkam: Ihre fixe Idee war es, eine altehrwürdige Zivilisation zu erhalten, und nicht, einen neuen Erfüllungszustand zu erreichen. Aber der Zerfall des Römischen Reiches hat aufgehört, ein Gegenstand aktueller Betrübnis zu sein, und für uns ist die Frage nach der Schuld an dieser Katastrophe kein heiß umstrittenes Problem mehr. Das war nicht immer so. Der heilige Augustinus war eifrig bemüht, jede diesbezügliche Anschuldigung zu widerlegen. Überraschender noch, wurde die Frage in der englischen Neoklassik neu aufgeworfen; Edward Gibbon und David Hume thematisierten das Verhältnis von Religion und Zivilisation in diesen Begriffen, und der Schluß, zu dem sie gelangten, war nicht der des heiligen Augustinus. In noch späterer Zeit enthält James Frazers ›The golden bough‹, implizit oder explizit, wenigstens drei Religionstheorien. Die bekannteste und unter den damaligen Bedingungen offizielle war seine evolutionistische Dreistufentheorie eines von der Magie über die Religion zur Wissenschaft führenden Fortschritts. Dieser Fortschritt läßt sich als eine Abfolge von Denkweisen beschreiben, mittels deren nach der Verknüpfung zwischen den Dingen geforscht wird: Zuerst wird die Verknüpfung im Gefühl inhärenter Plausibilität (»sympathetische Magie«) gesucht, dann in der Willkür von Geistern, deren Unberechenbarkeit besser geeignet war, Unregelmäßigkeiten zu erklären, und schließlich im wissenschaftlichen Experiment. Die offensichtliche Schwäche dieser Theorie ist ihr Intellektualismus – die Annahme, daß im Zentrum der Religion eine *Theorie* der Verursachung steht und daß die Menschen bloß auf Grund von sich häufenden Mißerfolgen sowie rein erkenntnistheoretischen Mängeln des jeweils herrschenden Verfahrens von der einen Denkweise zur nächsten überwechseln. Frazers Methode war weniger, wie nachfolgende Ethnologen gemeint haben, sich zu fragen, was er selbst, wenn er ein Primitiver wäre, denken würde; vielmehr fragte er auf der Grundlage der Darstellung, die Hume in seinem ›Treatise of human nature‹ vom

---

[1] Kurzfassung: London 1922. Deutsch: Der goldene Zweig. Eine Studie über Magie und Religion. Köln 1968. Im folgenden wird nach dieser Ausgabe zitiert.

menschlichen Geist gibt, wie der Primitive zu den Schlußfolgerungen kam, von denen die Beobachter berichteten.

Wenn indes Frazer die moralischen und sozialen Folgen der Religion im Auge hat, redet er ganz anders. Er verwandelt sich dann in den letzten Neoklassiker und kehrt zur neoklassischen Fragestellung zurück: »Die Religion der Großen Mutter ... war nur eine einzelne aus der Menge der orientalischen Religionen, die in den Tagen des Spätheidentums sich über das römische Kaiserreich verbreiteten und die europäischen Völker derart mit fremden Lebensidealen sättigten, daß sie allmählich das ganze Gebäude der antiken Kultur untergruben. Die griechische und römische Gesellschaft ... stellte die Sicherheit des Gemeinwesens als höchstes Ziel der Verwaltung über die Sicherheit des einzelnen, sowohl in dieser als in einer künftigen Welt ... All dies änderte sich mit der Verbreitung der orientalischen Religionen, welche die Gemeinschaft der Seele mit Gott und ihre ewige Rettung als die einzigen Ziele predigten, die das Leben lebenswert machten ... Die unvermeidliche Folge dieser selbstsüchtigen und unmoralischen Lehre war, daß der Gläubige mehr und mehr dem öffentlichen Dienst entzogen wurde ...«[1]

Die dritte Religionstheorie, die sich in seinem Werk findet, ist zweifellos keine, die er selber bewußt vertreten hätte, sondern eine in der gefälligen Anordnung, die er seinem Material gibt, implizit enthaltene, – eine Theorie, die in der Folge von anderen in einem Geiste, der dem seinen ganz fremd ist, ausgebeutet wurde: eine Art C. G. Jungscher bzw. T. S. Eliotscher Streifzug durch archetypische Symbole, aufgefischt aus dem Unbewußten einer Menge verschiedenartiger Kulturen: »Einem andern anthropologischen Werk, das unsere Generation aufs tiefste beeinflußt hat, bin ich grundsätzlich verpflichtet: Frazers

---

[1] Ebd., S. 520.

The Golden Bough; ich habe besonders die beiden Bände Attis Adonis Osiris benutzt. Jeder, der mit diesen Werken vertraut ist, wird sogleich in dem Gedicht gewisse Beziehungen ... erkennen.«[1]

Demnach hält nur eine der drei Religionstheorien in Frazers Werk an der Idee des achtzehnten Jahrhunderts und deren Wertvorstellungen fest: an der Bewunderung für die bürgerlichen und gesellschaftlichen Tugenden der antiken Religion, im Gegensatz zum egoistischen Streben nach der jenseitigen Erlösung, das an ihre Stelle trat. In dieser Form aber existiert das Problem nicht mehr. Diejenigen, die in der Folge dem Christentum sein Recht bestreiten, sehnen sich nicht mehr nach dem Römischen Reich.

Die andere große soziologische Fragestellung ist demgegenüber höchst virulent. Welche Rolle das Ideologische, religiöser oder auch nicht-religiöser Natur, bei der Entstehung der modernen Welt und ihrer industriellen und bürokratischen Institutionen gespielt hat, ist noch immer von brennender Bedeutung und steht nach wie vor im Zentrum unseres Interesses.

Vom Blickwinkel des Islam aus betrachtet, gewinnen beide dieser Fragen ein ganz anderes Aussehen. Anders als das Christentum entstand der Islam nicht *innerhalb* eines Imperiums, das in der Folge dem Niedergang verfiel, einem Niedergang, den ein übelwollender Beobachter dem neuen Glauben zur Last legen konnte. Er wurde auch nicht zu einer Art politisch entkörperlichtem Konkursverwalter des früheren zusammengebrochenen Weltreichs, das er, über den Zeitpunkt der unwiderruflichen Zerstörung seiner politischen Organisation hinaus, durch eine kirchliche Organisation hätte perpetuieren können. Er entstand im Gegenteil *außerhalb* zweier Imperien, von denen er das eine auf Anhieb überrannte und das

---

[1] T. S. Eliot, The waste Land. London 1922. Deutsch: Das wüste Land. In: Gedichte. Frankfurt a. M. 1964, S. 67.

andere am Ende eroberte. Er selber *war* die Grundlage, zuerst eines ökumenischen Imperiums und dann einer Reihe von anderen Reichen, die sich alle fest mit dem Glauben identifizierten und ihre Legitimation in ihm fanden. Das ist es, was die Frage nach der Religion als einem sozialen Bindemittel für Zivilisationen in einem ganz anderen Licht erscheinen läßt, wenn man sie aus dem muslimischen Blickwinkel betrachtet. Der Islam zersetzte keine altehrwürdige Zivilisation, um dann als deren Gespenst weiterzuleben. Er *schuf* sein eigenes Imperium und seine eigene Zivilisation.

Auch die Frage, die die Ursprünge der modernen industrialisierten Welt betrifft, nimmt sich aus dem muslimischen Blickwinkel ganz anders aus. Die traditionelle muslimische Zivilisation war nicht wie das Christentum der Schoß der modernen industrialisierten Welt. Sie kann also dafür nicht das Verdienst beanspruchen bzw. verantwortlich gemacht werden, weder als ganze noch in Gestalt einer der sektiererischen Gruppierungen, die sie umfaßt. Sie ist eines der Opfer, und nicht der Schöpfer, der modernen Welt. Allerdings ist sie ein ziemlich bemerkenswertes Opfer.

Am Ende des Mittelalters gab es vier große schriftkundige Weltzivilisationen. Unter diesen scheint nur der Islam in der Lage, sich seinen vorindustriellen Glauben in der modernen Welt zu bewahren. Der Glaube der christlichen Welt ist bis zur Unkenntlichkeit uminterpretiert und angepaßt worden. (Die modernistische christliche Theologie mit ihrem verschwommenen Gehalt, der sich asymptotisch dem Nullwert nähert, liefert den mit Abstand besten Beweis für die Säkularisierungsthese, mehr als irgendein erklärter »Rationalismus«.) Der Konfuzianismus wird in seinem Heimatland abgelehnt, auch wenn es noch möglich sein mag, das Überleben seines Geistes nachzuweisen. Der Hinduismus überlebt als ein Volksglauben, von der Führungsschicht des Landes weder sanktioniert noch mißbilligt. Nur der Islam überlebt als ein ernsthafter Glauben, der sowohl eine Volksüberliefe-rung als auch eine Schrifttradition umfaßt. Die Schrifttra-dition des Islam ist der Modernisierung zugänglich: Der Modernisierungsvorgang muß nicht als eine Erneuerung oder als ein Zugeständnis an Außenstehende erscheinen, sondern läßt sich vielmehr darstellen als die Fortsetzung und Vollendung eines alten Dialogs innerhalb des Islam zwischen orthodoxer Mitte und abweichenden Irrlehren, eines alten Kampfes zwischen Wissen und Unwissenheit, politischer Ordnung und Anarchie, Zivilisation und Bar-barei, Stadt und Stamm, göttlichem Gesetz und bloßem menschlichem Brauch, der einen Gottheit und usurpato-rischen Mittelsleuten des Heiligen, um denn jene Polari-täten zu nennen, deren systematischer Gegensatz – sei's latent, sei's virulent – beständig im Islam vorhanden scheint.

Demnach kam seine interne Differenzierung in Volks-überlieferung und Gelehrtentradition dem Anpassungs-vermögen des Islam in der Tat zustatten. Die Volksüber-lieferung läßt sich verwerfen, verantwortlich für kulturel-le Rückständigkeit machen oder mit den politischen Ma-chenschaften kolonialer Unterdrücker in Zusammenhang bringen, während die »reinere« Tradition in ein und dem-selben Atemzug sowohl mit fernen Ursprüngen als auch mit einer wiedererweckten, glorreichen, modernen Zu-kunft identifiziert werden kann. Unter den Bedingungen der Neuzeit wurde die Schrifttradition zum Allgemein-gut des Volkes, was unter anderem zur Folge hatte, daß die dieser Überlieferung anhängende Volksschicht an Zahl und Gewicht im Staatswesen gewaltig zunahm. Die alte Schrifttradition, die jetzt ihr normales Idiom bildet, hilft dieser Volksschicht, sich gegen Fremde, gegen ver-westlichte Herrscher und gegen die eigene verachtete, »rückständige«, bäuerliche Vergangenheit abzugrenzen. Demnach läßt sich im Islam, und nur im Islam, das dop-pelte Ziel einerseits der Läuterung bzw. Modernisierung und andererseits der Bekräftigung einer angeblichen alten, *bodenständigen* Identität mit ein und derselben Sprache und Symbolik erreichen. Die alte Volksüberlieferung, einst ein Schattenbild der herrschenden Tradition, verwandelt sich dabei in einen vielgeschmähten Sündenbock, den man für Zurückgebliebenheit und Fremdherrschaft verantwortlich machen kann. Ist also der Islam auch nicht der Urheber der Moderne, so kann er doch noch zu ihrem Nutznießer werden. Der Umstand, daß er in seiner zentralen, offiziellen, »reinen« Fassung egalitär und gelehrsam war, wohingegen hierarchische Gliederung und ekstatischer Überschwang seinen auf den unmittelbaren Gebrauch berechneten, am Ende verachteten, peripheren Formen zugehörte, kommt seiner Anpassung an die moderne Welt sehr zugute. In einem Zeitalter mit universalem Bildungsanspruch kann die jedermann offenstehende Klasse der Gelehrten sich in Richtung auf einen Einschluß der Gesamtgesellschaft erweitern und so das »protestantische« Ideal eines gleichen Zugangs für alle Gläubigen Erfüllung finden. Der moderne Gleichheitsgrundsatz kommt auf seine Kosten. Während der europäische Protestantismus dadurch, daß er den Bildungsstand förderte, nur dem Nationalismus den Boden bereitete, ist der wiedererweckte muslimische Sinn für egalitäre Schriftgläubigkeit imstande, mit dem Nationalismus regelrecht zu *verschmelzen,* so daß sich kaum entscheiden läßt, wer von dem andern am meisten profitiert. Im scharfen Gegensatz dazu müssen zum Beispiel alle Versuche, den Hinduismus zu reinigen und zu modernisieren, mit dessen egalitätsfeindlichem, hereditärem und hierarchischem Grundcharakter fertig werden, der sich nur schwer mit den Verhältnissen der Moderne in Einklang bringen läßt[1].

Max Weber ist der bedeutendste unter den Soziologen, die sich mit dem Zusammenhang von Glauben und sozioökonomischer Organisation befaßt haben. Eine seinen

[1] Louis Dumont, From Mandeville to Marx. Chicago 1977.

Untersuchungen über Indien, China oder das alte Judentum entsprechende allgemeine Soziologie des Islam hat er uns nicht hinterlassen[1]; aber generell neigte er zu der Ansicht, daß die *institutionellen* Voraussetzungen für den modernen Kapitalismus kein ausschließliches Privileg der westlichen Welt waren, daß es vielmehr das ideologische Moment war, das die entscheidende *Differenz* beisteuerte, jenen zündenden Funken, der, in Verbindung mit den erforderlichen strukturellen Voraussetzungen, das Wunder erklärt.

Es darf bezweifelt werden, ob das Beispiel des Islam eine solche Ansicht tatsächlich rechtfertigt: Die *charakteristischen Besonderheiten* des Islam sind eher institutioneller als ideologischer Natur. Ideologische Parallelen zum Christentum lassen sich durchaus finden, aber sie sind Funktionen in einem verschiedenartigen institutionellen Zusammenhang. Ob Max Weber selbst sein allgemeines Erklärungsmodell auf den Islam ausgedehnt hätte oder nicht, sei dahingestellt; jedenfalls scheint, macht man den Versuch, das Modell nicht recht zu passen. Die – je nachdem, wie man die Sache ansehen will – Stabilität oder Stagnation der muslimischen Welt bildet aber einen interessanten Prüfstein für die Theorien über die Ursprünge des Kapitalismus. Städte, Handel und städtische Bourgeoisie spielen allesamt eine hervorragende Rolle in der muslimischen Gesellschaft. In der Ideologie der Handel treibenden, städtischen Gruppen lassen sich Motive ausmachen, die, um das mindeste zu sagen, an jene erinnern, denen eine entscheidende Bedeutung für die ökonomische Entwicklung des Westens zugeschrieben wird, auch wenn ein puritanisches Sündenbewußtsein weniger gut ausgebildet scheint. Der Unterschied schiene dem-

[1] Siehe B. Turner, Weber and Islam. London 1974; Maxime Rodinson, Islam und Kapitalismus. Frankfurt a. M. 1971; John Waterbury, North of the trade. Berkeley, Cal. 1972; Peter Gran, Islamic roots of capitalism. Austin, Texas 1979; Sami Zubaida, Economic and political activism in Islam. In: Economy and Society 1 (1972) 3.

nach weniger im Fehlen bestimmter ideologischer Elemente als in dem eigentümlichen Kräftegleichgewicht zu liegen, das zwischen den verschiedenen Institutionen in dieser Gesellschaft bestand. Enthielt die muslimische Theologie ebenfalls jene Aufforderung zu obsessiver Schuld und Selbstprüfung, die Menschen dazu veranlassen konnte, zwanghaft und »rational« zu akkumulieren, was dann unter günstigen Umständen die moderne industrielle Welt ins Leben rufen würde? Die Experten scheinen sich nicht einig. Jean-Paul Charnay behauptet: »... die Idee des Sündenfalls ist aus dem Islam getilgt ... die letztgültige Offenbarung ... hat die menschliche Natur als solche nicht verdammt ... das Fehlen des Sündenfalls hebt die Vorstellung individueller Verantwortung hervor ...«[1]

Demgegenüber schreibt Marshall G. S. Hodgson: »Aus dem Koran wurde schon früh deutlich, daß die Menschen vor einer grundsätzlichen moralischen Entscheidung stehen. Sie können nicht auf halbem Weg innehalten ... Sie können sich entscheiden, in Ehrfurcht vor ihrem Schöpfer zu stehen und seine moralischen Forderungen zu erfüllen ... [Aber] ein Mensch kann nicht nach Belieben wählen, rein zu sein ... er ... kann moralische Reinheit nur durch Gottes Macht erlangen. Die grundsätzliche Entscheidung ... erscheint ... in höchstem Maß ausschlaggebend ... Alles übrige im moralischen Leben wird aus dieser Entscheidung folgen ...

... Diese Tatsache werde in einer letzten kosmischen Katastrophe unausweichlich manifest, wenn ... alle Menschen sichtbar von Gott selbst gerichtet würden ...

Demgemäß bestand Mohammed auf der moralischen Verantwortung aller Menschen. Das Leben sei kein Spiel, sondern erfordere ernsthafte Wachsamkeit. Die Menschen dürften nicht ausruhen, im sicheren Gefühl ihres

[1] Sociologie religieuse de l'Islam. Paris 1977; Pierre Bourdieu, Algeria 1960. Cambridge 1979, S. 124 f.

Wohlstands ... all diese Dinge würden am Tag des Gerichts nichts nützen ... Die Menschen müßten in beständiger Furcht und Ehrfurcht vor Gott leben, dem sie für die geringste Tat Rechenschaft schuldeten.«[1]

Dieser Gemütszustand – totale Verantwortlichkeit für eine grundlegende ursprüngliche Entscheidung, die doch die eigenen, sich selbst überlassenen Kräfte überstieg und so den Grund zu einer Angst legte, die durch nichts auf dieser Welt jemals zureichend beschwichtigt werden konnte – scheint ein deutlicher Anklang an die beliebte Theorie, die die erste große ökonomische Akkumulation in das Abfallprodukt des fruchtlosen Versuchs verwandelt, sich der Gottgefälligkeit der eigenen »Grundentscheidung« zu vergewissern. Demzufolge hätten sich eigentlich auch die muslimischen Bürger zur Akkumulation gedrängt fühlen müssen, in einer unaufhörlichen Anstrengung, sich ihrer Gottauserwähltheit zu versichern. Dieser wortgewaltige Passus stammt aus der Feder eines Autors, der ein paar Seiten vorher offen erklärt, daß er selber ein überzeugter Christ und Quäker ist. Es ist durchaus zu bezweifeln, ob dieses ziemlich augustinisch-kierkegaardische Bild dem tatsächlichen muslimischen Gemütszustand näher kommt als Charnays leichtherzigere Skizze von einer »morale actuelle, très humaniste«.

Ich stelle mir gern vor, was passiert wäre, wenn die Araber bei Poitiers gesiegt und die Eroberung und Islamisierung Europas fortgesetzt hätten. Ohne Frage wären wir alle Bewunderer von Ibn Webers ›Die charidschitische Ethik und der Geist des Kapitalismus‹, in dem schlüssig nachgewiesen würde, wie der Geist moderner Rationalität und sein Ausdruck in der betrieblichen und bürokratischen Organisation nur als Folge des charidschitischen Puritanismus des sechzehnten Jahrhunderts in Nordeuropa hätten entstehen können. Insbesondere würde die Untersuchung nachweisen, daß die moderne

[1] The venture of Islam. Chicago 1975.

ökonomische und organisatorische Rationalität nie hätte entstehen können, wäre Europa christlich geblieben, angesichts des eingefleischten Hangs dieser Glaubensrichtung zu einer barocken, manipulativen, heiligenschutzsüchtigen, quasi-animistischen und verworrenen Vorstellung von der Welt. Eine Glaubensrichtung, so gewohnt, die kosmische Ordnung als durch die Bestechung frommer Werke und Schenkungen beeinflußbar anzusehen, hätte ihre Anhänger niemals lehren können, allein auf den Glauben zu bauen und in einer geregelten, systematischen und beharrlichen Weise zu produzieren und zu akkumulieren. Würden die Gläubigen nicht stets ihre Gewinne wieder vergeudet haben, um sich ein Anrecht aufs ewige Heil zu erkaufen, statt immer weiter immer mehr zu akkumulieren?

Ein muslimisches Europa hätte außerdem Hegel von der Notwendigkeit entbunden, sich in den quälendsten argumentativen Verrenkungen zu ergehen, um zu erklären, warum ein früherer Glauben, das Christentum, nichtsdestoweniger endgültiger und absoluter ist als ein chronologisch späterer, nämlich der Islam. (Tatsächlich berief er sich dabei auf den Umstand, daß das Christentum in Europa erst zur Zeit Karls des Großen eingeführt wurde, der immerhin angemessen später als Mohammed lebte.) Hätte der Islam, der spätere und unter mehreren einleuchtenden Gesichtspunkten *reinere* Glauben, triumphiert, so wäre für den Muslim Hegel kein derartiges Problem entstanden[1]. Im »welthistorischen« Zeitplan hätte es keinen irritierenden Schnitzer gegeben. Im ganzen wäre es aus der Sicht einer auf Eleganz erpichten Geschichtsphilosophie, die die Geschichte vom Menschen als ein ununterbrochenes Fortschreiten in Richtung auf *unseren* gegenwärtigen Zustand betrachtet, *weitaus* befriedigender gewesen, wenn die Araber gesiegt hätten.

[1] Charles Taylor, Hegel. Frankfurt a.M. 1978, S. 653: »(Der) Islam ... konstituierte sich – für Hegel, zeitlich gesehen, reichlich unpassend – nach der Entstehung der absoluten Religion.«

Aus verschiedenen einleuchtenden Gründen – Universalismus, Schriftgläubigkeit, spiritueller Egalitarismus, Ausdehnung der vollen Teilhabe an der Heilsgemeinschaft nicht auf einen oder einige, sondern auf *alle*, sowie rationale Systematisierung des sozialen Lebens – hat der Islam unter den drei großen monotheistischen Glaubensrichtungen des Westens die größte Nähe zur Moderne.

David Hume und der Islam

Den besten Zugang zur gesellschaftlichen Rolle des Islam vermittelt wahrscheinlich die Religionssoziologie von David Hume, ungeachtet der Tatsache, daß der letztere gewöhnlich nicht zu den Islamwissenschaftlern gezählt wird. Seine ›Natural history of religion‹[1] wird von manchen als die erste wissenschaftliche Untersuchung über den gesellschaftlichen Stellenwert der Religion gerühmt. Bis heute ist sie eine der besten Untersuchungen dieser Art, vielleicht sogar die beste, geblieben. Aber die Haupttheorie, die dieses großartige Buch enthält, zudem eine Theorie, die eine ganz spezielle Relevanz für den Islam besitzt, scheint kaum zur Kenntnis genommen worden zu sein. Zum Beispiel wird in den ›Theories of primitive religion‹[2] Edward Evans-Pritchards Hume erwähnt und werden einige seiner Ansichten kommentiert; aber das Hervorstechende und Wichtigste an Humes Religionssoziologie wird gar nicht wahrgenommen. Es wird bloß über Humes Ansicht bezüglich der historischen Priorität

---

[1] David Hume, The natural history of religion (1755). Deutsch: Anfang und Entwicklung der Religion. Leipzig 1909. Die folgenden Zitate sind dieser Ausgabe entnommen. Einige offensichtliche Übertragungsfehler und Ungenauigkeiten wurden berichtigt (Anm. d. Ü.).

[2] Oxford 1965. Deutsch: Theorien über primitive Religion. Frankfurt a. M. 1981.

von Polytheismus und Idolatrie berichtet. Die Philosophen machen es nicht besser als die Ethnologen: Ein Leser von Bernard Williams[1] könnte demgemäß leicht zu dem Schluß kommen, Hume habe einem oberflächlichen linearen Entwicklungsbegriff gehuldigt, einem Begriff, den er tatsächlich mit ziemlicher Wahrscheinlichkeit nicht im mindesten vertrat. Wenig oder nichts hingegen würde er über die weitaus wichtigere, interessantere und tiefgründigere Oszillationstheorie erfahren, die Hume ohne Zweifel *wirklich* vertrat, die ihn vordringlich beschäftigte und die für seine Darlegungen zentral ist.

Ein linearer Entwicklungsbegriff wird Hume auf Grund einer Bemerkung zugeschrieben, die er einleitend macht und die genausogut als Feststellung einer *Tatsache* wie als *theoretische* Aussage genommen werden kann. In der Tat trifft es sich so, daß summa summarum während der vergangenen zwei Jahrtausende die Menschheit sich vom Polytheismus zum Monotheismus bewegt hat. Aber liegt hier eine Gesetzmäßigkeit oder eine Tendenz vor, die zur Verallgemeinerung berechtigt? Weiter hinten im Buch teilt uns Hume mit, was er für die wirkliche gesetzesförmige Tendenz hält.

Der einzige Autor, der von dieser Lehrmeinung Notiz genommen zu haben scheint, ist Frank E. Manuel; aber er hält von ihr nicht viel. In ›The eighteenth century confronts the gods‹ schreibt er: »Hume ... konnte an keiner Theorie fortschreitender Evolution festhalten. Ungeachtet Turgots eifriger Versuche, ihn zu bekehren, blieb er immer außerhalb der Reihen derer ... die an den Fortschritt glauben ... das Hinundherschwanken zwischen Polytheismus und Monotheismus ist eine unverblümte Absage an die Idee des Fortschritts. In diesem

---

[1] Hume on religion. In: D. F. Pears (Hrsg.), David Hume. A symposium. London 1973. »Seine Grundthese in diesem Werk ist die, daß der Polytheismus ein früherer Glaube als der Monotheismus sei ... Der Polytheismus ist ursprünglicher als der Monotheismus.« Das war nicht Humes Grundthese.

Punkt erscheint Hume als ein skeptischer Zyklentheoretiker in der klassischen Tradition.«[1]

Manuel hält die Oszillationstheorie »für einen der schwächsten Punkte des Essays«. Er wirft Hume mangelndes Festhalten an eben der Doktrin vor, die Evans-Pritchard und Williams ihm fälschlich zuschreiben. Manuel scheint Leute danach einzustufen, wieweit sie zur Fortschrittsidee, einer Idee, die Ende des achtzehnten Jahrhunderts aufkam und das neunzehnte beherrschen sollte, beitragen oder wenigstens stehen. Das Interessante an Humes Ansichten liegt genau darin, daß er sich weigert, einen solchen Standpunkt einzunehmen.

Hume fängt in der Tat seine Erörterung mit jener Bemerkung an, die Evans-Pritchard und Williams in die Irre führte: »Die Zeugnisse der Geschichte sind ... unabweisbar. Je weiter zurück wir der Vorzeit nachgehen, desto mehr Vielgötterei wird von den Menschen ausgeübt – keine Spur, kein Anzeichen einer vollkommenen Religion. Die Vielgötterei zeigt sich, den ältesten Aufzeichnungen unseres Geschlechts zufolge, als allgemein geltender Glaube.«[2] Als Erklärung dafür trägt Hume zuerst das Theorem von der Schwierigkeit des Abstrahierens vor und von der Neigung des ungebildeten Geistes, sich eng ans Irdische zu halten. »Mit Sicherheit weist der Entwicklungsgang des menschlichen Denkens darauf hin, daß der unwissende Haufe ursprünglich niedrigen und gemeinen Vorstellungen über die höheren Mächte nachhängt, bevor er sich zum Gedanken an ein vollkommenes Wesen als Quelle der Ordnung und Regelmäßigkeit in der Natur erhebt.«[3]

Aber dieses evolutionistische und intellektualistische Schema – vom kruden Pluralismus zum abstrakten, rationalen, erhabenen Monismus – wird bald und zu Recht (oder, nach Manuels Meinung, bedauerlicherweise) fal-

[1] Harvard UP 1959.
[2] Hume, Anfang, S. 26.
[3] Ebd., S. 27.

lengelassen. Es weist eine gewisse Übereinstimmung mit Humes Epistemologie auf, nicht allerdings mit seiner Moralpsychologie. Es paßt gut zu seiner Erkenntnistheorie und deren Vorstellung vom menschlichen Geist als einem durch allmähliches Abstrahieren von der Sinneswahrnehmung zum Abstrakten fortschreitenden, wobei das Abstrakte nichts als ein verblaßter Widerhall der Sinneswahrnehmung ist. Hingegen steht es im Widerspruch zu seiner Ansicht von den menschlichen Triebkräften; denn es scheint zu implizieren, daß der relative Erfolg des Monotheismus sich einer Anerkennung seines *rationalen* Charakters verdankt.

In der Tat war Hume selbst offenbar der Meinung, der Monotheismus, für den der kosmologische Gottesbeweis spreche, sei rationaler als der Polytheismus; aber er nimmt ganz sicher *nicht* an, daß die historischen Bewegungen vom Polytheismus zum Monotheismus das Ergebnis einer allgemeinen Anerkennung der rationalen Überlegenheit der einen über die andere Anschauung waren. Wie die Vernunft ist auch die allgemein anerkannte Religion ein Sklave unserer Leidenschaften, und sie ist es sogar mehr als jene (und in einem anderen Sinn). Dementsprechend liegen auch dem Wechsel zum Monotheismus, wenn und falls es zu ihm kommt, ganz andere und emotionale Faktoren zugrunde. Die Übereinstimmung mit der Vernunft, falls sie besteht, ist zufällig.

Noch interessanter aber ist, daß Hume sich veranlaßt sieht, die Idee vom Fortschritt, von einer kontinuierlichen, linearen Entwicklung in einer bestimmten Richtung, fallenzulassen und sie durch eine bei weitem spannendere und wichtigere *Oszillationstheorie* zu ersetzen. In der Tat wechseln die Menschen vom Polytheismus zum Monotheismus, aber nicht aus rationalen Gründen; aber mehr noch wechseln sie auch *wieder zurück,* und das ebenfalls aus nicht-rationalen Gründen. *Das* ist die wirklich wertvolle Theorie, die sich bei Hume findet. Im Blick auf diese interessante und hervorstechende Theorie spricht Hume von einem »Gezeitenwechsel« (*flux and reflux*) oder »Hinundherschwanken« zwischen Polytheismus und Theismus. »Das Menschengemüt zeigt eine wunderbare Neigung, zwischen verschiedenen Religionsarten zu schwanken: es erhebt sich aus der Vielgötterei zum Theismus, um wieder vom Theismus in Abgötterei zu versinken.«[1]

Dieses Oszillieren der Überzeugung hat, wie sich erwarten läßt, nichts mit Vernunft zu tun; es hat zu tun mit den Mechanismen der Angst, der Ungewißheit, der Unter- und Überordnung. Das ist der Kern von Humes Religionstheorie.

Die Bewegung vom religiösen Pluralismus zum Monismus wird durch eine Art Wetteifer im Schmeichlertum in Gang gesetzt: »Völker, bei denen Abgötterei und der Glaube an eine Mehrheit beschränkter Götter vorwiegend bestehen, können gleichwohl eine bestimmte Gottheit sich vorstellen, die sie ganz besonders zum Gegenstand der Verehrung und Anbetung machen ... Die ihn anbeten, [werden] sich um seine Gunst eigens bewerben; voraussetzend, daß er wie sie selbst Lob und Schmeichelei gern hat, werden sie in ihren Andachtsverrichtungen den Lobpreisungen keinerlei Schranken setzen. Je nachdem Kummer und Furcht sie belasten, werden sie in Äußerungen kriechendster Unterwürfigkeit sich erschöpfen, und auch der im Erfinden neuer Ehrennamen für die Gottheit alle seine Vorgänger überbietet, wird in derlei von seinen Nachfolgern noch übertrumpft werden. In dieser Entwicklung gelangen die Menschen zum Begriffe *eines* Gottes als unendlichen Wesens, über welches hinaus kein weiterer Fortschritt möglich ist. Es kann als ein großes Glück gelten, wenn dieses Streben zur Einsicht der großartigsten Einheit und Einfachheit zu gelangen

[1] Ebd., S. 58.

vor dem Versinken in unklare Mysterien bewahrt werden kann.«[1]

Für diese Apotheose werden klare Beispiele geliefert: »Genauso wurde der Gott Abrahams, Isaaks und Jakobs, von dem man glaubte, er lustwandle bei Abendkühle in einem Garten, ringe mit einem Menschenkinde oder zeige sich einem solchen von hinten, der Jehova oder Schöpfergott der Juden.«[2]

Oder auch: »Wer kann den göttlichen Vollkommenheiten einen angemessenen Ausdruck verleihen, behaupten die Mohammedaner, auch das älteste seiner Werke ist bloß Staub und Lumpen im Vergleich mit Ihm selbst. Um wieviel mehr muß die menschliche Fassungskraft zu kurz kommen hinsichtlich seiner unendlich vielen Vollkommenheiten?«[3]

Aber diese vollkommene, verborgene, unzugängliche Gottheit, die unser Wetteifer im Schmeichlertum der Reichweite unserer Ideen entrückt hat, ist allzu entfernt und allzu unzugänglich.

An diesem Punkt kommt ein gegensätzliches psychologisches Prinzip ins Spiel. Das ist das Prinzip, das nach dem Schutz von Vermittlern und Mittelspersonen suchen läßt, wenn man sich dem Mächtigen und Furchteinflößenden nähert. Die Verwendung eines derartigen bevollmächtigten Mittlers ist als solche Zeichen einer angemessenen Hochachtung und Ehrerbietung und vergrößert insofern die Aussicht auf wohlwollendes Gehör. Die Gottheit selbst braucht dann natürlich auch solche Mittler, und das stärkt wiederum deren Position. Das zwingt das Pendel, in die andere Richtung auszuschlagen: »... indem die Götter zur äußersten Grenze der Vollkommenheit erhoben werden, gelangt die Vorstellung von Einheit und Unendlichkeit, Einfachheit und Unkörperlichkeit als

[1] Ebd., S. 53 f.
[2] Ebd., S. 55.
[3] Ebd., S. 57.

göttliche Grundeigenschaft zur Geltung. Diese den Fassungskräften der Menge unzugänglichen geläuterten und erhabenen Vorstellungen können ihre ursprüngliche Reinheit nicht behalten, sondern erfordern die Stütze niederer Hilfskräfte und untergeordneter Mächte, welche zur Vermittlung zwischen den Menschen und der höchsten Gottheit dienen. Diese Halbgötter und Zwischenwesen, die den Menschen als verwandte angesehen werden und ihnen minder fremd gegenüberstehen, werden zum Hauptgegenstand religiöser Verehrung, und so kehrt die Abgötterei allgemach zurück, welche vorhin durch die heißen Aufrufungen und die schrankenlosen Lobpreisungen der elenden und furchtsamen Sterblichen zurückgedrängt worden.«[1]

Aber einmal muß das Pendel umschwingen: »Indem nun diese verschiedenen Formen der Abgötterei Tag für Tag immer tiefer und tiefer zu platten und vulgären Vorstellungen herabsinken, zersetzen sie schließlich sich selbst, und die häßlichen Gebilde der Vielgötterei werden wiederum einen Umschwung und eine Neigung zum Theismus veranlassen. Bei diesem Schwanken im menschlichen Denken und Fühlen wird die Neigung zur Rückfälligkeit in die Abgötterei stets so mächtig sein, daß auch die äußersten Vorsichtsvorkehrungen nichts gegen sie vermögen. Darüber haben etliche Theisten, namentlich Juden und Mohammedaner, volle Klarheit gehabt. Daher das bei ihnen bestehende Verbot gegen Schöpfungen der Malerei und Bildhauerei und gegen jede bildliche Darstellung, selbst der Menschengestalt in Farbe und Stein, weil sie fürchteten, das Geschlecht würde in seiner Schwäche zur Abgötterei verleitet werden.«[2]

Welches historische Material Hume zu seiner bewunderungswürdigen Theorie inspiriert, liegt auf der Hand: Es ist der Kampf Jehovas gegen die Bealim von Kanaan,

[1] Ebd., S. 59f.
[2] Ebd., S. 60.

der Reformation gegen das Papsttum[1] und des Islam gegen seine eigenen pluralistischen Tendenzen. Auf die Parallele kommt er explizit zu sprechen: »Die Heroen des Heidentums entsprechen vollauf den päpstlichen Heiligen und den geweihten Derwischen der Mohammedaner.«[2]

Diese Ansicht über den *Drang* zum Monotheismus enthält eine logische Parallele zu jener Theorie des achtzehnten Jahrhunderts über den orientalischen Despotismus, die den letzteren einfach als die Folge der schieren Dauer eines Regimes erklärte, so daß die bloße Zeitdauer früher oder später die europäischen Monarchien denen des Ostens angleichen mußte. Jedem, der die Macht hat, schmeicheln die Menschen um die Wette. Je länger jemand an der Macht ist, um so mehr wird er durch die sich gegenseitig überbietende Unterwürfigkeit seiner Untertanen erhöht, die alle durch Kriecherei ihre Sache voranzutreiben bemüht sind. Im Fall einer obersten Gottheit sind Superlative bald aufgebraucht, und der Gegenstand der Verehrung wird einzigartig, entzieht sich jedem Vergleich, entzieht sich erst der sinnlichen Wahrnehmung und dann sogar dem Begriffsvermögen, wird unfaßlich und unerreichbar fern.

Aber dann setzt der gegenläufige Prozeß ein. Demütige Bittsteller kennen ihren Platz und wagen es nicht, sich einer so furchteinflößenden Macht auf direktem Wege zu nähern. Deshalb suchen sie sich weniger erhabene Vermittler, in dieser Welt (Priester, lebende Heilige) oder in der anderen (Geister, verstorbene Heilige). Aber auch die Vermittler gilt es zu preisen, um sie zu besänftigen und günstig zu stimmen, wobei die rivalisierenden Bittsteller gleichermaßen in Darbringungen und Lobpreisungen

---

[1] Zum Auftreten der Heiligenverehrung in der Spätantike siehe die Arbeiten von Peter Brown, vor allem: Relics and social status in the age of Gregory of Tours. Reading 1977; A dark-age crisis. Aspects of the iconoclastic controversy. In: The English Historical Review 346 (1973).

[2] Hume, Anfang, S. 67.

miteinander wetteifern – und so bevölkert sich das Pantheon wieder, bis etliche dieser zweitrangigen Gegenstände der Verehrung zu großer Höhe erhoben sind und dem höchsten Wesen Konkurrenz zu machen scheinen. Dann ist die Zeit wieder einmal reif für die entgegengesetzte Bewegung.

Humes Theorie weist zwei merkliche Schwächen auf: Sie ist zutiefst psychologistisch, indem sie den Mechanismus der Pendelbewegung in der menschlichen Seele ansiedelt und die Gesellschaft, innerhalb derer die Veränderungen vor sich gehen, ziemlich vernachlässigt; und sie enthält außerdem einen tiefen inneren Widerspruch. Nehmen wir zuerst den Widerspruch.

Hume war ein protestantischer Schotte. Er war außerdem ein Mann der Aufklärung. Es gibt kein Gesetz, das eine dieser beiden schätzenswerten Eigenschaften verbietet. Aber es gibt ein Gesetz, das Prinzip des Widerspruchs, das wohl dem gleichzeitigen Vorhandensein beider zu widerstreiten scheint. Der Protestant stellt fest, daß die heidnischen Heroen »exakt« den papistischen Heiligen entsprechen: »An Stelle von Herakles, Theseus, Hektor und Romulus haben wir nun Dominikus, Franziskus, Antonius und Benedikt erhalten.«[1] »Die Jungfrau Maria, ursprünglich nur als brave Frau angesehen, wurde im Lauf der Zeiten mit vielen der dem Allmächtigen zugehörigen Eigenschaften ausgestattet und behielt sie bis zur Reformationszeit.«[2]

Das ist gute anti-papistische Tradition, und was dem Argument als zentrale Annahme zugrunde liegt, ist die Identität von Papsttum und Heidentum. Jedenfalls setzt Humes Oszillationstheorie diese Identität stillschweigend voraus. Das Papsttum ist einfach die besondere historische Form eines weiteren Rückfalls der exklusiv unitarischen Verehrung Jehovas in heidnische Idolatrie. Das

[1] Ebd., S. 67.
[2] Ebd., S. 54.

ist in der Tat die gängige protestantische Diagnose des Katholizismus, wenigstens in vor-ökumenischen Zeiten. Diese Diagnose ist unabhängig von möglichen Werturteilen, die sich mit ihr verbinden. Nietzsche beschimpfte die lutherische Reformation deshalb, weil er sie als einen schweren Rückschlag empfand, nämlich als einen Ausdruck deutschen und englischen *Ressentiments* gegen die Wiedergeburt aristokratischer romanischer Wertvorstellungen in der Renaissance. Er teilte die protestantische Diagnose, wenn er auch zu einer gegenteiligen Bewertung kam.

Aber buchstäblich in aufeinander folgenden Sätzen finden wir in Humes Werk auch die neoklassische Sprache des achtzehnten Jahrhunderts mit ihrer affirmativen Bewunderung des klassischen Heidentums und ihrer Verachtung für das vergleichsweise unitarische Christentum, das an seine Stelle trat. Ungeachtet dessen, daß die Heroen der Antike exakt den Heiligen der päpstlichen Religion entsprechen sollen, wird die Gegensätzlichkeit zwischen beiden folgendermaßen dargelegt: »Boten in früheren Zeiten das Erlegen von Ungeheuern, das Vertreiben von Tyrannen und der Kampf fürs Vaterland die sicheren Wege zu göttlichen Ehren bei den Menschen, so werden sie in späteren Zeiten durch Hautschinden und Fasten, durch Feigheit und Demut, durch bedingungslose Unterwürfigkeit und sklavischen Gehorsam gewonnen.«[1]

Oder auch: »Brasidas fing einst eine Maus, aber ließ sie frei, als sie ihn biß. ›Kein Wesen‹, sagte er, ›ist so verächtlich, daß es nicht zu leben verdient, wenn es nur Mut hat, sich zu wehren.‹ Bellarmin trieb seine Geduld und seinen Gehorsam so weit, daß er sich von Flöhen und anderem Ungeziefer beißen ließ. ›Wir erhalten den Himmel zum Lohn‹, meinte er, ›aber diese Ärmsten sind nur auf die Freuden im Diesseits angewiesen.‹ So groß

[1] Ebd., S. 67.

ist der Unterschied zwischen der Gesinnung eines helle-
nischen Heros und eines katholischen Heiligen.«[1]

Der Gegensatz ist klar. Das klassische Heidentum ist
staatsbürgerlich und diesseitig. Das Christentum, und
insbesondere das katholische, ist zweifach verderblich,
weil es die selbstsüchtige, *individuelle* Beschäftigung mit
einer *anderen* Welt fördert. Viel später äußert sich James
Frazer, wenn er nicht gerade die Position seiner offiziellen, intellektualistischen Religionstheorie einnimmt und
die Religion mit einer Theorie der Verursachung verwechselt, in ähnlichem Sinn: »Der Heilige und der
Mönch, die beide die Erde verachteten und in ekstatischer Betrachtung des Himmels versunken waren, wurden in der Meinung des Volkes zu dem höchsten Ideal
der Menschheit. Damit verdrängten sie das alte Ideal des
Patrioten und Helden ... In ihrer Angst, ihre eigenen und
die Seelen der anderen zu retten, waren sie bereit, die
körperliche Welt ... verderben zu lassen ... [Der] Aus-
gang des Mittelalters bezeichnete die Rückkehr Europas
zu heimischen Idealen ... zu gesünderen, männlicheren
Weltanschauungen ... Die Flut der orientalischen Invasion hatte sich endlich umgewandt. Sie ebbt noch heute
nach.«[2]

Der Widerspruch zwischen den beiden, unvermittelt
nebeneinander stehenden Ansichten Humes ist eklatant.
Die Oberprämisse lautet: Das klassische Heidentum ist
bewunderungswürdig. Die Unterprämisse lautet: Der
Katholizismus ist eine kaum verschleierte Wiederauflage
des klassischen Heidentums. Eine schulgerechte Folgerung führt dann unausweichlich zu dem Schluß: Der Katholizismus ist eine kaum verschleierte Wiederauflage
von etwas Bewunderungswürdigem.

Aber das ist natürlich genau der Schluß, den Hume nie
zieht. Die Unterprämisse wird mit verachtungsvollem

[1] Ebd., S. 68.
[2] Frazer, Der goldene Zweig, S. 520f.

Hohn, nicht bewundernd ausgesprochen. Vielleicht ließe sich der Widerspruch vermeiden, wenn der Hohn sich gegen den Akt der Verschleierung statt gegen die zugrunde liegende Sache richtete. Der *Sache selbst* würde er dann weiterhin Bewunderung zollen – und nur den Mangel an Ehrlichkeit würde er geißeln. Solch eine Ansicht wäre vielleicht konsistent, aber sie ist nicht die von Hume. Dieser verwirft den vom Katholizismus wiederaufgelegten religiösen Pluralismus als solchen, und nicht nur, weil er mit einem dünnen unitarischen Firnis überzogen ist. Auch gegen den Pluralismus im allgemeinen hat er, wie sich bei Gelegenheit zeigt, seine Vorbehalte: »Da der Polytheismus oder die Abgötterei in volklichen Überlieferungen fortbesteht, haftet ihm die große Mangelhaftigkeit an, daß er jede noch so barbarische oder haltlose Meinung oder Anschauung gutheißt ...«[1]

Der spätere Kritiker des Christentums, Nietzsche, war scharfsichtiger und folgerichtiger als Hume. Er stellte fest, daß sich dieser Religion doch immerhin etwas abgewinnen ließe, wenn sie nur erst durch das Wiederaufleben heidnischer Prinzipien hinlänglich korrumpiert war: »Allerdings gab es in der Renaissance ein glanzvoll-unheimliches Wiederaufwachen des klassischen Ideals, der vornehmen Wertungsweise aller Dinge: Rom selber bewegte sich wie ein aufgeweckter Scheintoter unter dem Druck des neuen, darüber gebauten judaisierten Rom, das den Aspekt einer ökumenischen Synagoge darbot und ›Kirche‹ hieß ...«[2]

Hätte Hume mit ein paar Äußerungen dieser Art wenigstens den Katholizismus der Renaissance gutgeheißen, indem er dessen weltzugewandtem Klassizismus Anerkennung gezollt hätte, seine Position wäre moralisch schlüssig gewesen. Aber es ist offensichtlich, daß sein Widerwille gegen die vulgäre Vielgötterei mindestens

[1] Hume, Anfang, S. 61.
[2] Friedrich Nietzsche, Zur Genealogie der Moral. In: Werke in 3 Bänden. München 1955, Bd. 2, S. 796.

ebenso stark ist wie seine Abneigung gegen den intoleranten jenseitigen Monismus. In seiner Brust scheint ein kleinlicher, intellektuell puritanischer Unitarier mit einem in Sachen Moral und Politik toleranten Pluralisten zusammen zu wohnen. Wie A.N. Whitehead deutlich gemacht hat, glauben die Unitarier, daß es höchstens einen einzigen Gott geben kann.

Humes Inkonsistenz und innere Spannung bleiben nicht nur ein Problem seiner Einstellung, ein Problem seines ambivalenten Schwankens zwischen Billigung und Ablehnung, sondern sie schlagen sich als direkter Widerspruch in seiner hochinteressanten politischen Soziologie der Religion nieder.

»Der Geist der Versöhnlichkeit, der alle Götzendiener im Alterthum wie in der Neuzeit auszeichnet, zeigt sich deutlich jedem... Als das Orakel in Delphi befragt wurde, welche Kultusform den Göttern die zusagendste sei, lautete die Antwort: diejenige, welche in jeder Stadt gesetzlich bestände... Die Römer pflegten gewöhnlich die Götter überwundener Völker aufzunehmen, und hielten sie sich in fremden Gegenden auf, bestritten sie niemals, daß die lokalen und nationalen Götter die Eigenschaften besaßen, welche ihnen von den betreffenden Völkern zugeschrieben wurden.«[1]

Der Gegensatz ist unmißverständlich: »Die allen auf göttliche Einheit abzielenden Religionen anhaftende Unverträglichkeit ist für sie so bezeichnend, wie die entgegengesetzte Gesinnung für die Vielgötterei. Die unversöhnliche religiöse Engherzigkeit der Juden ist allbekannt. In seinen Anfängen ging der Islam noch blutiger zuwege...«[2]

Obwohl Hume keinen Zweifel daran läßt, daß, *intellektuell* gesehen, den Monisten der Vorzug gebührt, scheinen doch Toleranz und staatsbürgerliche Gesinnung

[1] Hume, Anfang, S. 63.
[2] Ebd.

auf die Seite der Pluralisten zu gehören. Aber ein Widerspruch schleicht sich ein: »Und wenn unter den Christen Engländer und Holländer sich zu den Grundsätzen der Toleranz bekennen, verdankt man diese belangvollen Abweichungen der unerschütterlichen Standhaftigkeit ihrer bürgerlichen Obrigkeiten gegen den heiligen Übereifer der Priester und Frömmler.«[1]

Mit anderen Worten, Hume bemerkt, daß nach seiner allgemeinen Theorie die Engländer und Niederländer, da sie, jedenfalls mehrheitlich, Protestanten sind und also dem Monismus näher stehen, nicht toleranter, sondern weniger tolerant sein müßten. Da dem nicht so ist, wird die »Ausnahme« durch den Rückgriff auf die unerschütterliche Standhaftigkeit der bürgerlichen Obrigkeiten erklärt. Aber damit ist es nicht getan. Das wäre eine seltsame Geschichte Englands im sechzehnten und siebzehnten Jahrhundert, die das Aufkommen von Toleranz ausschließlich den »bürgerlichen Obrigkeiten« gutschriebe. Im übrigen ist Hume sich darüber durchaus im klaren. In einem von der ›Natural history‹ unabhängigen faszinierenden Essay, der den Titel ›Of superstition and enthusiasm‹[2] trägt, unterscheidet er zwischen diesen beiden religiösen Extremen und hat über sie viel Interessantes zu sagen. Was er dort sagt, findet sich auch in seiner ›History of England‹[3].

Mit Aberglauben meint er, grob gesprochen, einen unter Priesterherrschaft stehenden Pluralismus; und mit Schwärmerei eine monistisch orientierte religiöse Begeisterung. Seine drei Überlegungen oder Beobachtungen hinsichtlich dieses Gegensatzes verdienen, zitiert zu werden: »... daß der Aberglaube der priesterlichen Gewalt

[1] Ebd., S. 64.
[2] In: Essays moral, political and literary. 2 Bde, Edinburgh 1742. Deutsch: Von dem Aberglauben und der Enthusiasterey. In: Vermischte Schriften. Vierter Teil: Moralische und politische Versuche. Hamburg, Leipzig 1756.
[3] History of England from the Invasion of Jul. Caesar to the revolution in 1688. 6 Bde, London 1754–1763.

sehr nützlich und die Enthusiasterei ihr eben so sehr, oder noch mehr zuwider ist, als die gesunde Vernunft und Philosophie.«[1] »... daß Religionen, welche etwas von der Schwärmerei an sich haben, in ihrem ersten Ursprunge weit wütender und heftiger sind, als die, welche etwas von dem Aberglauben an sich haben; aber in kurzer Zeit sanfter und mäßiger werden.«[2] »... daß der Aberglaube ein Feind der bürgerlichen Freiheit, und die Enthusiasterei eine Freundin derselben ist.«[3]

Die zweite dieser Feststellungen nimmt das Theorem von der »Veralltäglichung des Charismas« vorweg, wobei allerdings Hume diesen Prozeß für ein spezielles Charakteristikum monistischer Glaubensbekenntnisse hält, womit er, wie ich vermute, recht hat. Webers Veralltäglichungsformel macht diese Einschränkung nicht, aber das ist, wie ich meine, ein Fehler. In pluralistischen Religionen ist Charisma sozusagen *von Geburt an* veralltäglicht und sinkt nicht erst auf diese Stufe herab. Veralltäglichung ist charakteristischer für *unsere* unitaristische Welt.

Der dritte Gedanke ist an dieser Stelle ebenso wichtig: Weit entfernt davon, daß er die »bürgerlichen Obrigkeiten« bemüht, um das Aufkommen von Toleranz bei den Engländern und Niederländern zu erklären, stellt er fest, daß ein bestimmter religiöser Stil von sich aus *direkt* Toleranz befördert. (*Schwärmerei* deckt sich offenbar mit der unitarischen und schriftgläubigen Begeisterung, die der Reformation entspringt.)

Was sich aus alledem ergibt, ist natürlich dies, daß Humes ursprüngliches Monismus/Pluralismus-Schema zu simpel ist. Keine allgemeine Aussage über die Entstehungsbedingungen bürgerlicher Freiheit läßt sich *allein* im Rahmen dieses einen Gegensatzes formulieren. Die Folgerung aus jenem Schema würde sein, daß Monisten,

[1] Hume, Aberglauben, S. 130.
[2] Ebd., S. 134.
[3] Ebd., S. 135.

und unter ihnen natürlich auch die Schriftgläubigen, der Toleranz stets feindlich gesonnen wären (was sie manchmal tatsächlich sind), wohingegen Pluralisten, selbst wenn sie einen dünnen monistischen Firnis trügen, die staatsbürgerliche Gesinnung förderten – was sich in Wirklichkeit nicht immer von ihnen sagen läßt. Für das neuzeitliche Europa weist Hume zu Recht beide dieser Folgerungen zurück. Der Unitarismus läßt unter ganz bestimmten Bedingungen, wie sie in der beginnenden Neuzeit in einigen Teilen des nordwestlichen Europa herrschten, Freiheit entstehen; und der spirituelle Pluralismus hat der Freiheit häufig im Wege gestanden.

Es ist indes nicht nötig, das ursprüngliche Schema bzw. die in seinen Begriffen formulierte Oszillationstheorie einfach zu verwerfen. Man braucht es nur zu verfeinern und auszuarbeiten. Man muß zum Beispiel wissen, ob die pluralistischen »Priester« einer Gesellschaft, so wie beim Christentum, in einer allumfassenden Hierarchie vereinigt oder, so wie bei den muslimischen religiösen Bruderschaften bzw. Heiligenfamilien, in viele kleine, rivalisierende Organisationen aufgesplittert sind; man muß einfach wissen, warum einige gesellschaftliche Gruppen besonders empfänglich für jene religiöse »Schwärmerei« sind, die der Priesterherrschaft so außerordentlich feindselig gegenübersteht, und in der Tat, welche Arten von Menschen sich im allgemeinen zu dieser Einstellung hingezogen fühlen; und wenn man jene Gruppen identifiziert hat, kann man sich dann wohl fragen, wer ihre Feinde sind und wen sie zu fürchten Grund haben. Haben die Unitarier denn ein Motiv (etwa als Minorität, die der Majorität als häretisch gilt), sich für die Freiheit einzusetzen? Haben sie genügend Bewegungsspielraum dazu?

Und vor allem, hat diese Gruppe Angst vor einem starken zentralistischen Staat, der im Bündnis mit einer monopolistischen Priesterkorporation sie ihrer Religionsfreiheit berauben würde? Oder hat sie weitaus mehr Angst vor gewalttätigen, stammesförmig organisierten, marodierenden Raufbolden, die sich normalerweise selbst von einem auf eigene Faust und außer allem Zusammenhang operierenden Priester leiten lassen – und sucht sie in dieser Situation Schutz vor jenen Stammesleuten bei der Zentralgewalt, während andererseits die Zentralgewalt diese »schwärmerische« Klasse von Schriftkundigen umwirbt, als eine moralische Autorität oder als eine Instanz, die der Staatsgewalt ihre Legitimation verschaffen und propagieren helfen soll? Bildet die moralische Autorität dieser Klasse und ihrer unitarischen Schriftgläubigkeit das einzige Kontrollorgan gegenüber der Regierung – ein Kontrollorgan, das, wenn ein Teil der Angehörigen dieser Klasse sich mit Stämmen verbünden, der Zentralgewalt gefährlich werden und einen Wechsel in der personalen Besetzung der letzteren bewirken kann? Möglicherweise sind unter solchen Bedingungen die Schwärmer am Ende doch nicht so tolerant und werden Humes ursprünglichen pessimistischen Erwartungen in bezug auf das Verhalten des Unitarismus gerecht – wohingegen es durchaus sein kann, daß sie in der gegenteiligen Situation, wenn sie nur den Staat und Priester, nicht aber Stammesangehörige, zu fürchten haben, Vorkämpfer für die Toleranz sind.

Kurz gesagt, kann eine »schwärmerische« (monistische, puritanische, schriftgläubige) Bourgeoisie in der Tat ein Gegner der Freiheit und ein Verbündeter des Staates sein, wenn sie zwischen Staat und Stämmen eingekeilt ist; während sie ein Freund der Freiheit werden kann, wenn sie ihrer Schwäche wegen keine Hoffnung haben kann, ihre extremen Ansichten anderen aufzuzwingen, und doch, nachdem der Staat Feudale und Stammesgenossen gleichermaßen unterworfen bzw. ausgeschaltet hat, nichts anderes mehr fürchten muß als das Monopol des Staates auf die Religion. Vielleicht war es diese besondere Konstellation, die die europäischen Schwärmer den Wert der Freiheit schätzen lehrte[1]. Hume, indem er nur mit dem Gegensatz Schwärmerei/Aberglauben operiert, ohne die unterschiedlichen politischen Verhältnisse zu berücksichtigen, unter denen dieser Konflikt sich entfaltet – das betrifft insbesondere das Vorhandensein *anderer* Gefahren für die Schwärmer und die Größe ihrer Macht im Vergleich mit den anderen Gesellschaftsgruppen –, bringt die Sache nicht ganz zusammen und scheint sich selbst zu widersprechen.

Demnach ist David Hume in seinem glänzenden Essay ›Of superstition and enthusiasm‹ nahe daran, eine Theorie zu formulieren, die auf die protestantische Ethik das Entstehen jener hervorstechenden Besonderheiten zurückführt, durch die Teile Nordwesteuropas zum Geburtsort der modernen Welt, der modernen liberalen Gesellschaft wurden. Zugegebenermaßen beschäftigen ihn (zu Recht) mehr die politischen als die ökonomischen Aspekte dieser Gesellschaft. Interessant ist, daß seine Feststellungen, so wie sie sich darbieten, in einem eklatanten Widerspruch zu den ebenso glänzenden Einsichten seiner ›Natural history of religion‹ stehen. Dort ist es in guter neoklassischer Manier der Aberglauben, und nicht die Schwärmerei (dargestellt an den extremen Formen des Protestantismus), dem mit überzeugenden Argumenten das Verdienst zugesprochen wird, eine treffliche klassische Kombination aus staatsbürgerlicher Moral

---

[1] Siehe André Adam, Histoire de Casablanca (des origines à 1941). Aix-en-Provence 1958, S. 158, Anm. 58: »Die Bürger waren oft Frondeure. Revolten sicherten niemals jene Konzessionen von seiten ihres Souveräns, die im mittelalterlichen Europa kommunale Sonderrechte begründeten. Der hauptsächliche Grund dafür scheint mir in der beständigen Bedrohung zu bestehen, welche von den Stämmen für die Städte ausging und diese zwang, sich unter den Schutz des Sultans zu stellen. Dieses Phänomen ... reicht weit über Marokko hinaus und ... durch die ganze islamische Geschichte hindurch ... sieht man eine glänzende urbane Zivilisation in Blüte, (aber) die Konzeption eines öffentlichen Rechts befand sich in Konflikt mit der Entwicklung des städtischen Lebens.« Mir scheint, daß die Konzeption des »öffentlichen Rechts« ein Machtgleichgewicht widerspiegelte, das sie nicht ändern konnte. Die Handel treibenden und gelehrten Bürger waren zwischen Staat und Stamm eingeklemmt.

und Toleranz zu begünstigen. Nach der unspezifizierten Argumentation des längeren Werks hätten die Schwärmer die geschworenen Feinde der Freiheit bleiben müssen, was sie ja in der Tat auch gelegentlich waren. Um zu erklären, warum sie an ihrer Feindschaft gegen die Freiheit nicht festhielten, kann Hume nur zu der These von der Veralltäglichung ihrer Begeisterung seine Zuflucht nehmen: »Wenn das erste Feuer der Schwärmerei verschwendet ist, so sinken die Menschen von solchen schwärmerischen Sekten, und fallen gemeiniglich in die größte Verleugnung und Gleichgültigkeit in heiligen Sachen, weil keine Gruppe von Menschen unter ihnen ist, welche Ansehen genug hat, deren Interesse es erfordere, den Religionsgeist zu unterhalten; keine Rituale, keine Zeremonien, keine geheiligten Bräuche, die in das gewöhnliche Alltagsleben eindringen und die heiligen Grundsätze vor dem Vergessen bewahren könnten... Auf der anderen Seite sind unsere Sektierer, die vormals die gefährlichsten Schwärmer waren, itzo die größten Freidenker geworden...«[1]

Das reicht nicht aus. Es war nicht einfach Vergeßlichkeit und Lässigkeit, sondern ein tiefer innerer Zusammenhang, der die Nonkonformisten dazu brachte, am Aufbau der modernen Welt mitzuwirken. Es war nicht das als Mangel begriffene *Fehlen* einer speziellen »Gruppe von Menschen« in ihrer Mitte, sondern im Gegenteil die Tatsache, daß die Aufgaben jener speziellen Körperschaft der Erleuchtung aller Mitglieder der Gemeinde anvertraut wurden, was die Nonkomformisten zu dem machte, was sie waren und zu sein fortfuhren. Nicht das Fehlen eines Priestertums, sondern seine Universalisierung war, wie Weber später bemerkte, das Bezeichnende. Der überzeugenderen Weberschen Darstellung zufolge, war es genau ihre anhaltende Schwärmerei und nicht ihre Vergeßlichkeit, was sie schließlich in Freunde der

[1] Hume, Aberglauben, S. 134f.

Freiheit verwandelte. Es war, wie Tocqueville bemerkte, die Kraft der Erleuchtung, was die amerikanische Demokratie zu ermöglichen half. Die entsprechenden Gruppen im Islam hatten hingegen zuviel Grund, die Stämme zu fürchten, und waren im ganzen zu sehr mit der zentralen politischen Gewalt identifiziert, um eine Einschränkung der Macht der letzteren anzustreben. Gelegentlich mochten sie mithelfen, das Personal auszuwechseln. Die Schwärmer, mit denen Hume sich beschäftigte, hatten weniger Grund zu dergleichen Befürchtungen, zumal nach dem Mißerfolg der Stuarts 1745 (einem Ereignis, das der Welt des Ibn Khaldun viel näher steht als der Humes, obwohl es sich zu Humes Zeit und in seinem Heimatland zutrug).

Die vorgeschlagenen Verfeinerungen des Modells ermöglichen vielleicht eine Erklärung jener »Ausnahmen«, jener Besonderheiten, angesichts derer Hume sich derart in Widersprüche verwickelte. Zugleich sind diese Ausarbeitungen des Modells geeignet, seinen bei Hume extrem psychologischen Charakter um den Sinn für die Unterschiedlichkeit gesellschaftlicher Verhältnisse zu bereichern. Es ist interessant, die erforderlichen Ausarbeitungen des Modells mit Hilfe islamischen Materials vorzunehmen.

Ibn Khaldun

Humes Modell ist psychologistisch. Soziale Faktoren werden bei ihm meist nur *ad hoc* eingeführt, wenn im System Schwierigkeiten auftreten. Wenn wir das Modell im Kontext muslimischer Gesellschaften ausprobieren sollen, können wir auch gleich mit dem größten Soziologen des Islam anfangen – mit Ibn Khaldun.

Ibn Khaldun könnte man nie beschuldigen, zu psychologistisch zu sein und die Schlüsselfaktoren in die menschliche Seele zu verlegen. Die Ausprägung entscheidender Tugenden und Charakterzüge findet, seiner Ansicht nach, nicht in der individuellen Seele, sondern in der Gemeinschaft und ihrem sozialen Milieu statt. Während Humes Soziologie zu dem Dilemma zwischen *intellektuell* löblichem Monismus einerseits und *sozial* und *moralisch* löblichem Pluralismus (der staatsbürgerlich, diesseitig, frei von Schwärmerei und tolerant ist) andererseits führt, ist das grundlegende Dilemma Ibn Khalduns von tiefgreifender Tragik und nimmt auch einen viel zentraleren Platz in seinem Denken ein. Hume konnte mit den Schultern zucken: Er wußte, daß der Monismus der intellektuell überlegene Glaube war, aber er wußte auch, daß die Menschen, wenn sie ihm anhingen, das aus den falschen Gründen taten, und daß, was das intellektuelle Verdienst ihrer Überzeugungen anging, sie ebensogut hätten Pluralisten sein können – zumal der Pluralismus, jedenfalls unter günstigen Umständen, sie auch lehrte, dem Bösen zu widerstehen, für ihr Land und ihre Freiheit zu kämpfen und den Göttern der anderen tolerant zu begegnen. Besser staatsbürgerlich gesinnte Götzendiener als feige Unitarier, zumal wenn die ferne und verborgene eine Gottheit aus den ganz und gar falschen Gründen angebetet wurde. Nicht seine von Hume anerkannte Eleganz als Erklärungskonzept und nicht die ihm zugute kommende Stärke des kosmologischen Gottesbeweises war es, was die Menschen zum Begriff eines einzigen Gottes führte; die Angst war es und der verächtliche Gedanke, daß der Mächtige sich am besten durch schmeichlerisches Verhalten besänftigen lasse – und die absolute Macht durch absolutes Schmeichlertum.

Das Dilemma, mit dem sich Ibn Khalduns Grundanschauung konfrontiert sah, war nicht weniger unlösbar, aber tragischer. Politische, gesellschaftliche, staatsbürgerliche Tugenden wurden seiner Ansicht nach nicht durch den Pluralismus als solchen, sondern durch das Stammesleben gefördert. (Das Stammesleben kann dann seinerseits den Pluralismus begünstigen, aber das ist eine andere Frage, und auf die ging er nicht ein.) Demgegenüber wurden Tugenden, die die Zivilisiertheit und kulturelle Verfeinerung betrafen, durch das städtische Leben gefördert, das indes mit staatsbürgerlichen Tugenden unverträglich war. Man konnte Gemeinsinn und staatsbürgerliche Gesinnung haben, oder man konnte zivilisiert sein – aber nicht beides zugleich. Das ist das tragische Dilemma, von dem das gesellschaftliche Leben fundamental gezeichnet ist.

Platon hatte einst etwas Ähnliches geäußert: »... wir wollen nicht nur sehen, wie eine Stadt entsteht, sondern auch, wie eine üppige Stadt... Also müssen wir die Stadt wiederum größer machen?... der Grund und Boden, welcher damals hinreichte, ..., wird nun zu klein sein und nicht mehr groß genug... also werden wir von den Nachbarn Land abschneiden müssen... Noch größer also, mein Lieber, muß nun unsere Stadt werden, und zwar nicht um eine Kleinigkeit, sondern um ein ganzes Heer...«[1]

Für Platon ist es die Zivilisation, die Mäßigung und Selbstgenügsamkeit verunmöglicht und so die Erweiterung des Gemeinwesens um eine spezielle Militärklasse und Führungsschicht nötig macht, deren Aufgabe die Verteidigung der aufgeblähten Ansprüche des Gemeinwesens ist, was das Problem der Staatskunst entstehen läßt bzw. verschärft. Platon und Ibn Khaldun stimmen darin überein, daß der Durchschnittsbürger einer zivilisierten Stadt im Normalfall nicht kämpft. Allerdings begründen sie das ganz unterschiedlich: Platon legt das Gewicht auf die Spezialisierung und Arbeitsteilung – der Schuster nur ein Schuster –, wohingegen Ibn Khaldun die These vertritt, daß das spezialisierte städtische Leben als

[1] Platon, Politeia, II. Buch, Kap. 13–14 (übersetzt von F. Schleiermacher). Sämtliche Werke. Bd. 3, Hamburg 1962.

solches unvereinbar ist mit gesellschaftlichem Zusammenhalt und kriegerischer Gesinnung. Platon geht davon aus, daß es das Gemeinwesen vor seiner Zivilisierung nicht nötig hatte zu kämpfen – es war nicht habgierig und selber zu arm, um die Habgier anderer zu erregen. Ibn Khaldun weiß sehr wohl, daß, mögen sie auch noch so arm sein, die Stammesgenossen Aggressionen ausgesetzt sind und ums Überleben kämpfen müssen.

Der Gegensatz zwischen den beiden Denkern ist ein Gegensatz zwischen den beiden Welten, in denen sie leben. Die antike griechische Stadt war ein Gemeinwesen, und in ihrer Welt war sie das Musterbild eines Gemeinwesens. Im Islam hingegen ist die Stadt *gleichermaßen* Muster *und* Widerpart eines Gemeinwesens. Sie bietet die Voraussetzungen für Frömmigkeit und widerspricht den Bedingungen für Gemeinsamkeit. Wie soll also eine Gemeinschaft der Gläubigen überhaupt möglich sein? Die Stadt ist zweifellos das Gegenteil einer *Stammesgemeinschaft* mit ihren wirklichen oder angenommenen Blutsverwandtschaften und ihrem engen Zusammenhalt. Dieser Gegensatz ist für Ibn Khaldun zentral, wenn er ihn auch mit anderen Worten benennt.

Für Platon ist der Preis für die Zivilisation die Notwendigkeit, mit Waffengewalt deren materielle Voraussetzungen zu *verteidigen;* und in gewisser Hinsicht ist die ›Politeia‹ ein Rezept für die beste Art, diesen Preis zu zahlen – ein Entwurf der politischen und erzieherischen Vorkehrungen, die die innere Stabilität und die äußere Verteidigung der reich gewordenen, zivilisierten Stadt sicherstellen sollen. Der Entwurf zielt darauf ab zu zeigen, wie man die Wachhunde rekrutieren kann, die die Herde vor den Wölfen schützen sollen, ohne die Schafe in Unruhe zu versetzen. Wie im Marxismus ist politische Herrschaft die Folge einer gesellschaftlichen Schichtung, die ihrerseits ökonomische Wurzeln hat.

Ibn Khaldun ist weit weniger als Platon ein präskriptiver politischer Philosoph und weit mehr ein empirischer, deskriptiver Soziologe. Auch wenn er in einzelnen Fällen Ratschläge erteilt, akzeptiert er im ganzen die Gesellschaft so, wie er sie vorfindet. Die politische und militärische Unfähigkeit der Stadt ist einfach eine Gegebenheit, deren Implikationen er erforscht, für die er aber kein endgültiges Heilmittel zu finden hofft. Er erklärt, wie Wachhunde aufkommen, liefert aber kein Rezept, wie sie zu zähmen, und kaum eines, wie sie wenigstens vor der raschen Verwilderung zu bewahren wären.

»Die Beduinen sind dem Guten näher als die Seßhaften ... sind der Tapferkeit näher als die Seßhaften. Der Grund dafür ist, daß sich die Seßhaften an Bequemlichkeit und Ruhe gewöhnt haben. Sie sind in Wohlleben und Überfluß versunken. Sie haben die Verteidigung ihres Besitzes und ihrer selbst dem Herrscher anvertraut, der sie regiert, und der Garnison, die mit ihrem Schutz betraut ist. Sie verlassen sich auf die Mauern, die sie umgeben, und auf die Befestigungen, die sie schützen ... Ganze Generationen sind in dieser Weise aufgewachsen. Sie haben den Rang von Frauen und Kindern eingenommen, die auf den Hausherrn angewiesen sind. Schließlich ist dies zu ihrem Naturell geworden ...«[1]

Das ist ganz anders als in Europa, wo die Bauern lebten, um unterdrückt zu werden, während die Bürger, potentiell wenigstens, frei waren.

In der Welt, die Ibn Khaldun kennt, scheinen Stadtbewohner überhaupt keine richtigen Bürger zu sein; sie treten alle Verantwortung an ihre Herrscher ab, die von woandersher kommen müssen. Darin besteht die Lösung. Städtisches Leben und politisches Verantwortungs-

---

[1] Ibn Khaldun, The Muqaddimah. 3 Bde, engl. Übersetzung von F. Rosenthal. London 1958, Bd. 1, S. 253 u. S. 257. Alle Band- und Seitenangaben der nachfolgenden Zitate beziehen sich ebenfalls auf diese Übersetzung; von dort aus sind die betreffenden Passagen im arabischen Original leicht zu finden (Anm. d. Ü.). Zur Bedeutung Ibn Khalduns siehe etwa: Muhsin Mahdi, Ibn Khaldun's philosophy of history. London 1957, bes. Kap. IV; H. R. Trevor-Roper, Historical essays. London 1957, Kap. V; A. Cheddadi, Le système du pouvoir en Islam d'après Ibn Khaldun. In: Annales (1980).

gefühl stehen im Widerspruch zueinander. Das tut zwar vielleicht manchen Stadtbewohnern Unrecht, muß aber als der Normalfall gegolten haben. Zum Beispiel »haben besonders die Einwohner Spaniens den Gemeinschaftsgeist verloren ... weil ihr Land ... von Stammesgruppen entblößt ist«.[1] Ohne Stämme kein Gemeinschaftsgeist. Ohne Städte keine Zivilisation. Die einzig mögliche Lösung besteht darin, beides zusammenzubringen. Ibn Khaldun erfindet die Lösung nicht, er verzeichnet sie nur. Es ist nicht seine Sache, für soziale Probleme Lösungen zu finden; seine Aufgabe ist es, bereits vorgefundene Lösungen zu analysieren. Aber die zwei gesellschaftlichen Faktoren zusammenzubringen, ist nicht leicht: »Wegen ihres ungezähmten Naturells sind die Araber unter allen Völkern am wenigsten bereit, sich ihresgleichen unterzuordnen, bei ihrer Grobheit, ihrem Stolz, Ehrgeiz und ihrem Wetteifern um die Führerschaft.«[2]

Indes gibt es dagegen ein Mittel: »Wenn aufgrund von Prophetentum oder Heiligenkult Religion (unter ihnen) herrscht, werden sie von innen heraus im Zaum gehalten ... Dann fällt es ihnen leicht, sich unterzuordnen und sich zu vereinen ...«[3] »Ein Beispiel dafür ist die arabische Dynastie im Islam. Die Religion befestigte ihre politische Herrschaft durch das religiöse Gesetz ...«[4]

Platon erwartete wahrscheinlich auch nicht viel mehr von den niederen Ständen in seiner Stadt, und er war ebenfalls dagegen, daß die Klasse der Handwerker und Kaufleute ihre Spezialbeschäftigungen im Stich ließen und sich in Dinge einmischten, die sie nichts angingen, wie etwa Landesverteidigung und Politik; nichtsdestoweniger gehörten doch diejenigen, die die Aufgabe hatten, sich um jene Dinge zu kümmern, selber ganz entschieden zur Stadt. Was bei dieser Textstelle Ibn Khalduns ins

[1] Ebd., I., S. 313.
[2] Ebd., I., S. 305.
[3] Ebd.
[4] Ebd., I., S. 307.

Auge fällt, ist der Umstand, daß den Stadtbewohnern Herrscher gegenüberstehen, die selber überhaupt nicht *aus* der Stadt sind.

Die Angehörigen der Wüstenstämme verharren in ihrem Gegensatz zur Stadtbevölkerung: »Die Araber... sind allein auf dem Land und fern von der Garnison. Sie haben keine Mauern und Tore. Sie übernehmen ihre Verteidigung selbst und übertragen sie nicht anderen... Mut ist ihnen zum Naturell geworden und Tapferkeit zur Veranlagung.«[1]

Diese Textstelle ist nicht minder enthüllend. Wenn in Ibn Khalduns Welt die Stadtbewohner der Politik und Verteidigung entsagt und beides ihren Herrschern übertragen haben, so führen im Gegensatz dazu die Landbewohner, wie es scheint, *allesamt* Waffen. Gibt es keine Miliz, die ihnen die Waffen abnehmen und für Frieden sorgen kann? Offenbar nicht. Haben sie keinen Adel, der das Kriegführen als sein Privileg beansprucht und den gemeinen Hirten und Ackersleuten die Unverschämtheit und Anmaßung austreibt, als Krieger aufzutreten? Augenscheinlich nicht: Wenn sie denn Adlige oder Anführer haben, so fehlt diesen offensichtlich entweder die Macht oder das Bedürfnis, ihre eigenen Leute zu entwaffnen. (Tatsächlich fehlt ihnen beides: Sie *brauchen* die bewaffnete Unterstützung ihrer Anhänger, und auch wenn sie wollten, könnten sie sie nicht entwaffnen.) Tocqueville, der etwa fünf Jahrhunderte später Ibn Khalduns Welt in Augenschein nahm, bemerkte über die Stämme: »Alle diese kleinen Gemeinschaften wählen ihre eigenen Oberhäupter, die sie Scheichs nennen, und sie besprechen ihre eigenen Angelegenheiten gemeinsam.«[2]

Ibn Khaldun sagt ausdrücklich, warum ihre Anführer sie nicht entwaffnen: »Ihr Anführer bedarf ihrer größtenteils wegen des Gemeinschaftsgeistes, der für die Vertei-

[1] Ebd., I., S. 257f.
[2] Œuvres complètes, Bd. 3, S. 133.

digung nötig ist... Er ist (daher) gezwungen, sie mit Freundlichkeit und ohne Zwang zu regieren. Sonst käme er mit dem Gemeinschaftsgeist in Konflikt, und das würde sein und ihr Verderben bedeuten.«[1]

Der Herrscher eines zentralistischen Staats ist von ganz anderer Art: »Königsherrschaft und Regierung erfordern (andererseits), daß der Führer mit Gewalt die Zügel führt. Sonst hat seine Führerschaft keinen Bestand.«[2]

Diese Textstellen informieren uns über die wirklich kritischen Punkte in Ibn Khalduns Welt: Der Staat ist zu schwach, um die ländlichen Regionen unter Kontrolle zu halten oder zu entwaffnen. Praktisch alle Landbewohner sind also bewaffnet und sorgen für ihre eigene Verteidigung; mit anderen Worten, die Aufrechterhaltung der Ordnung auf dem Land liegt, soweit es sie gibt, in den Händen lokaler Selbsthilfegemeinschaften (d.h. der Stämme), deren erwachsene männliche Bevölkerung in der Mehrzahl an Krieg und Politik beteiligt ist.

Warum setzte sich an den südlichen und östlichen Küsten des Mittelmeers diese »tribale« Lösung durch, während sich im Norden die »feudale« Lösung durchsetzte, die Krieger und Herrscher von den Bauern absondert. Die naheliegendste Antwort darauf dürfte im Verweis auf das unterschiedliche Gewicht bestehen, das in den beiden Gesellschaften Weidewirtschaft und Ackerbau haben. Herden sind beweglich und Äcker nicht: daher ist die Unterdrückung beweglicher Nomaden bei weitem schwieriger als die ortsgebundener Bauern. (Die auf Grund der Verwendung von Bewässerungsanlagen zugleich ans Land und an Wasser Gebundenen sind natürlich doppelt verwundbar.) Arbeitsintensive Gesellschaften neigen zu hierarchischen Ordnungen, verteidigungsintensive Gesellschaften neigen zu egalitären Verfassungen. (Kapitalintensive Gesellschaften, eine neue Spezies,

---

[1] Ibn Khaldun, Muqaddimah, I., S. 306.
[2] Ebd.

scheinen eine umfassende Konvergenz der Konsumformen hervorzubringen, was den Eindruck einer Gleichheit vermittelt, die mit großer Ungleichheit der Macht einhergeht; die Tatsache und/oder Illusion sozialer Mobilität bewahrt indes diese Machtunterschiede davor, zu einer dauerhaften, versteinerten hierarchischen Ordnung zu erstarren.)

Stämme, in dem hier intendierten Sinn, sind durch eine fast allgemeine Beteiligung des männlichen Geschlechts an organisierter Gewalt charakterisiert, durch eine sehr hohe militärische Beteiligungsquote, um es mit S. Andreskis Ausdruck zu sagen. Mit anderen Worten, praktisch jeder ist Soldat. Was aber ist die erste Voraussetzung für ein Soldatenleben? Offenbar die Fähigkeit wegzulaufen. Man kann nicht immer siegen; und für jeden an dieser Lebensform Teilhabenden, der nicht weglaufen kann, ist das erste verlorene Treffen – und die Wahrscheinlichkeit sorgt schon dafür, daß für die meisten von ihnen irgendwann eine Niederlage kommt – auch das letzte, indem es entweder Tod oder Sklaverei bringt. Folglich steht das Soldatsein als eine leidlich erstrebenswerte Laufbahn nur denen offen, die die Fähigkeit zur Flucht haben.

Aber Flüchten ist keine so einfache Sache und erfordert mehr als gesunde Glieder. Ein einzelner, der ohne Kameraden und Hilfsmittel wegläuft, hat es nicht leicht, wieder neu anzufangen. Hier kommt die Mobilität von Hirtenvölkern ins Spiel. Nomaden können nicht nur flüchten, sie können dabei mehr noch einen wesentlichen Teil ihrer Habe unversehrt retten. (Nomadentum ist nicht der einzige Weg, das zu erreichen. Als die Mamluken gegen Napoleons Armee fochten, trugen anscheinend viele von ihnen ihre Schmucksachen auf dem Körper unter der Rüstung, als eine Art Versicherung gegen die Folgen einer Niederlage, eine Art von flüssigem, verfügbarem Kapital, das seinem Eigentümer ermöglichen würde, woanders geschäftlich wieder neu anzufangen, wenn er erst glücklich entkommen war.) Ihre Mobilität macht die Unterdrückung von Hirtenvölkern schwieriger, was eine Schwächung der Staatsmacht in dem betreffenden Territorium zur Folge hat, was nun wiederum *sie* und ihre auf gegenseitige Hilfe beruhenden Gemeinschaften stärkt, und so weiter in einem sich selbst reproduzierenden Kreislauf.

Der Neigung der Hirtennomaden zur Gewalt liegen, neben dem für Hirten und ihre Herden charakteristischen Bewegungsdrang, eine Reihe von Ursachen zugrunde. Fremdes *Land* in Besitz zu nehmen, ist nur von Vorteil, wenn Land rar ist oder wenn man die früheren Eigentümer versklaven und zwingen kann, für einen zu arbeiten. Aber das bringt beträchtliche Probleme mit sich, die die Arbeitsbeziehungen und die Organisation der Arbeit betreffen. Oder man kann natürlich die Ernte in seine Gewalt bringen; aber das ist eine einmalige Aktion. Viehraub ist bei weitem vorteilhafter. Wenn er gelingt, erbeutet man Kapital und Zinsen zugleich; die Beute vermehrt sich von selbst; und ein Nomadismus, der ja nicht arbeitsintensiv ist, kann den Zuwachs an produktivem Reichtum verkraften, ohne entweder die eigenen Arbeitskräfte zu überfordern oder aber sich eine Truppe widerspenstiger Fremdarbeiter aufzuladen. All diese Umstände lassen die Hirtennomaden nicht nur der Widersetzlichkeit *gegen* den Staat, sondern auch einer Lebensweise zuneigen, die Raubüberfälle und natürlich auch die Verteidigung gegen die Raubzüge anderer einschließt. Das wiederum bringt den Hirtenstämmen die militärische Übung, die es ihnen ermöglicht, sich gegen den Staat zu behaupten, und die sie gleichzeitig aber auch zu potentiellen Staatsgründern macht. Die Weidewirtschaft der Hirtennomaden ist nicht arbeitsintensiv, wohl aber verteidigungsintensiv.

In der Welt Ibn Khalduns, der Welt der traditionellen muslimischen Zivilisation, sind Hirtennomadismus und (häufig stellvertretend gepflegte) Schriftgläubigkeit miteinander verbunden. Es ist eine Welt, in der die weidewirtschaftliche Lebensform einerseits und die Ehrfurcht vor der Heiligen Schrift andererseits auf die Spitze getrieben und in gewisser Weise miteinander verschmolzen sind. Wo die Lebensform der Hirtennomaden dominiert, da ruft sie eine Art Kettenreaktion hervor, und zwar nicht nur, wie der russische Gelehrte Khazanov bemerkt, indem sie andere zu Nomaden werden läßt, sondern auch, indem sie Nicht-Nomaden dazu bringt, eine ähnliche Form sozialer Organisation anzunehmen. Auf diese Weise drückt der Hirtennomadismus sogar Gesellschaften seinen Stempel auf, die zum Teil oder vorwiegend Ackerbau treiben und die aber um ihrer Selbstbehauptung willen die Sozialorganisation von Nomaden oder Halbnomaden sich zum Vorbild nehmen müssen, um sich gegen die Hirtennomaden oder ein auf Stämmen beruhendes Staatswesen zu schützen. Zum Beispiel bemerkt Jacques Berque, wenn er über die Seksawa, eine der am längsten bodenständigen, seßhaften Gruppierungen in Nordafrika, schreibt: »Diese von altersher Seßhaften, diese geduldigen Dorfbewohner sind vor allem Hirten ... Die Herde ... hält den wichtigsten Platz in der ganzen Ökonomie.«[1]

Der Hirte beschützt die Herden gegen Raubüberfälle (wenn er nicht gerade selbst einen Raubzug unternimmt); er tut sich mit seinesgleichen in den auf gegenseitiger Hilfe beruhenden Gruppen zusammen, die Stämme heißen; und die kriegerische Rolle, die er in diesen Gruppen spielt, ebenso wie seine eigene Mobilität und die seiner Herden, machen es schwer, ihn massig zu beherrschen

---

[1] Structures sociales du Haut-Atlas. 2. Aufl. Paris 1978, S. 173.

und zu unterdrücken. Es ist zweifellos sehr viel schwieriger, ihn zu unterdrücken als einen Ackerbauern, der normalerweise die Aufgabe hat zu arbeiten, nicht aber zu kämpfen, und dessen weltlicher Besitz ortsgebunden ist. Ibn Khaldun führt die Überlieferung an, nach der der Prophet selber feststellte, daß der Pflug Unterwerfung nach sich ziehe. Im Gegensatz dazu tendiert der Hirtennomadismus zu einer wenigstens vergleichsweise egalitären Gesellschaft, die normalerweise keine oder jedenfalls keine ernstliche Absonderung einer spezialisierten Kriegerschicht kennt[1]. Die gelegentlich in der Sahara zu findende Unterscheidung zwischen Stämmen des Schwerts und Stämmen der Schrift ist größtenteils eine soziale Fiktion. Sie kann bestimmend für die Auswahl des für die Religionsausübung zuständigen Personals sein, aber auf die durch sie gekennzeichneten Gemeinschaften im ganzen hat sie keinen beherrschenden Einfluß.

Zugleich aber entstand diese Zivilisation am Ende einer langen kulturellen Entwicklung der Dürrezone, in deren Verlauf gleichermaßen die Schriftkultur und der Genuß

[1] Das ist nicht durchgängig der Fall. Läßt man die weniger gleichen Klienten und Abhängigen (religiöse oder handwerkliche Spezialisten) beiseite, entsteht gelegentlich eine Schichtung auch unter den Hirtennomaden selbst. Das herausragende Beispiel dafür sind die Tuareg. Soweit freilich die verschiedenen Schichten unter den Hirten angesprochen sind, läßt sich vermuten, daß die Ideologie der Tuareg die Realität der Ungleichheit übertreibt und daß dasselbe etwa auch für Mauretanien galt. Extreme oder demonstrativ zur Schau getragene Ungleichheit unter Hirtennomaden wird normalerweise dadurch verhindert, daß die unterdrückte oder gedemütigte Gruppe Gelegenheit findet, mit ihren Herden fortzuziehen. Die schamlose Ungleichheit unter den Tuaregs im Hoggar mag sich mit der außerordentlichen Abgeschiedenheit dieses Gebiets in der Sahara erklären lassen. Diese Abgeschiedenheit macht ein Entrinnen schwer oder unmöglich, nicht nur für die vereinzelten Gruppen, welche die Oasen bestellen (das wäre noch nicht ungewöhnlich), sondern ebensosehr für die Hirtennomaden, wenn sie die langsamere Art von Herden in ihrer Obhut haben. Es ist außerordentlich bezeichnend, daß die oberen Schichten Anspruch auf die schnelleren Tiere erhoben – d. h. auf die Kamele. So konnten sich die »Leute der Ziege« nicht einfach der Herrschaft entziehen. Siehe Marceau Gast, Pastoralisme nomade et pouvoir. La société traditionelle des Kel Ahaggar. In: Pastoral production and society. Hrsg. von L'Equipe écologie et anthropologie des sociétés pastorales. Cambridge 1979; und Jeremy Keenan, The people of Ahaggar. London 1977. Siehe auch C. C. Stewart u. E. K. Stewart, Islam and order in Mauritania. Oxford 1973.

von handwerklichen Erzeugnissen und Handelsprodukten zu einem anerkannten Bestandteil des Lebens geworden waren. Nur Städte, die Sammelpunkte für Kaufleute, Handwerker und Gelehrte, konnten die kulturelle und technische Ausstattung liefern, die zur Gewohnheit und zur Norm geworden war. Ibn Khaldun betont den inneren Zusammenhang von städtischem Luxus und jenen intellektuellen Neigungen, die der Schriftkultur förderlich sind und den sozialen Untergrund liefern für Platonismus im Sinne einer Anbetung des ungeschaffenen Worts. Die Ehrfurcht vor dem geschriebenen Wort als dem Ausdruck einer unabhängigen Autorität war eine kulturelle Möglichkeit, die bereits in der Entdeckung der Schrift selbst latent enthalten war, in der Abtrennbarkeit des Worts von Sprecher, Kontext und Zeit – auch wenn sich, wie auf Kreta, frühe Schreiber darauf beschränkten, über Steuerzahlungen Buch zu führen. Seine zentrale gesellschaftliche Funktion hat das geschriebene Wort nicht in der Übermittlung von Nachrichten, sondern in der Besiegelung von Verträgen. Die beste Art und Weise, dem entscheidenden Vertrag Haltbarkeit zu verleihen, ist, ihn in eine göttliche Verkündigung zu verwandeln. In ihrer reinen platonischen Form als *Ideenkult* ist die Verehrung des von der gesellschaftlichen Wirklichkeit abgelösten Worts nie sonderlich effektiv durch die soziale Praxis nutzbar gemacht worden, vielleicht weil unsere Ideen zu unklar und ungenau sind, um als wirkliche Maßstäbe des Verhaltens dienen zu können, und zu verschwommen im Umriß, um Nichtphilosophen Ehrfurcht einzuflößen. (Ideale konkrete *menschliche* Vorbilder scheinen ansprechender und sozial wirksamer zu sein als reine abstrakte Ideale.) Aber in ihrer koranischen Form, als der Kult eines beschränkten und abgeschlossenen Systems ungeschaffener, ewiger und göttlicher Sätze, erhielt diese kulturelle Möglichkeit ihren reinsten und wirkungsvollsten Ausdruck. Platon vergöttlichte das Wort; der Islam schrieb das Wort der Gottheit zu. Letzteres hat sich als das sozial Effektivere erwiesen. Wahrscheinlich wirkte beides verstärkend auf und wurde verstärkt durch den Bedarf der Hirten nach städtischen Erzeugnissen, deren Herstellung und Verteilung auf Fertigkeiten beruhte, die eine Art Nährboden für die Schriftkultur bildeten und sichtlich mit ihr zusammenhingen.[1] Eine Ansammlung solcher Fertigkeiten macht, wenn man so will, die Stadt aus. Die Stadt begünstigt die Schriftkultur, zum einen als eine weitere spezielle Fertigkeit, zugleich aber auch als eine Bestätigung und Bekräftigung aller übrigen. Spezialtätigkeiten profitieren von ihrer schriftlichen Aufzeichnung und verlangen mehr danach als eine Arbeit, die die vorherrschende und mehr oder minder allgemeine Beschäftigung einer Stammesgesellschaft darstellt, wie z.B. die Weidewirtschaft. Deshalb liegt eine Schriftreligion einer Stadtbevölkerung näher und hat in ihr mehr Entfaltungsmöglichkeiten. Entscheidend in der Geschichte der Menschheit war nicht der Augenblick, da das Wort Fleisch ward, sondern vielmehr der Zeitpunkt, da das Wort Fleisch zu sein *aufhörte*, indem es in einer sozialen Umgebung, die dem Schreiben Wert beimaß und mit Ehrfurcht zu begegnen lernte, seine Verkörperung in der Schrift fand. Von da an konnte das Wort über Menschen und Völker zu Gericht sitzen.

So vergöttlichte also der ursprüngliche Platonismus Nr. 1 die isolierte Idee, wohingegen der sozial wirksamere Koranische Platonismus Nr. 2 ein sorgsam beschränktes System von normativen Sätzen der Gottheit zuschrieb. Die Auslegung von Sätzen kann zwar auch strit-

---

[1] Zur allgemeinen sozialen Implikation der Schriftkultur siehe Jack Goody, Literacy in traditional societies. Cambridge 1968. Hegel paraphrasierend könnte man sagen, daß die Menschheit drei Stadien durchlief. Zuerst konnte niemand lesen. Dann konnten einige lesen. Schließlich können alle lesen. Ganz offensichtlich ist es das zweite Stadium, das sich zu einem extremen Gebrauch des Wortes für politische Legitimation eignet. Erst in diesem Stadium kann das Wort, und zwar vermittels seiner Aufzeichnung, der Zerstörung durch die Zeit entgehen, aber ebenso läßt sich nur in diesem Stadium seine Botschaft monopolisieren und abgrenzen.

tig sein, aber unvergleichlich weniger als die einer offenen Klasse unbestimmt vieler *Ideen:* In dieser Platonismus-Version ist mithin die Norm nicht nur transzendent, sondern auch von der höchsten Macht gestützt, und sie ist, jedenfalls verhältnismäßig, präzis und determiniert. Eine auf sich gestellte, unbegrenzte Klasse normativer *Ideen* ist weniger profiliert und überzeugend als ein feststehendes System von gottgegebenen Sätzen. Dessen Autorität wird gesellschaftlich durch jene Klassen bekräftigt, die mittels Schriftkultur über einen privilegierten Zugang zu ihm verfügen, die ein Interesse daran haben, seine Gültigkeit gegen Gruppen, die ihm bedrohlich werden könnten, zu verteidigen, und die in der Lage sind, ein Lehrgebäude von Auslegungen und Anwendungen des ursprünglichen Systems geoffenbarter Grundsätze zu entfalten und aufrechtzuerhalten.

Der Platonismus Nr. 2 war dem früheren Prototyp nicht nur darin überlegen, daß er ein von Gott unterzeichnetes, endliches System von Lehrsätzen anbot, sondern auch darin, daß dieses System seine eigene Vollständigkeit garantierte. Bei seiner Diskussion der Lehre vom logischen Atomismus, einer Lehre, derzufolge gleichermaßen die Welt und unsere Darstellung von ihr in unauflösbare Atome zerfällt, so daß also jedes Glied des bestehenden Systems atomarer Feststellungen eines der atomaren Fakten aufgreift, umfaßt und spiegelt, macht Bertrand Russell die Bemerkung, daß auch das System sämtlicher atomarer Feststellungen die Wahrheit und unsere Kenntnis von der Welt nicht *erschöpfen* würden: Dazu wäre mindestens eine weitere Feststellung erforderlich, nämlich die, daß das System *vollständig* sei, daß es alle vorhandenen Feststellungen einbegreife. Durch seine Doktrin der Abgeschlossenheit der Prophetenreihe erfüllt der Islam dieses logisch-philosophische Erfordernis. Keine Erweiterungen der normativen Wahrheit sind »sei's möglich, sei's erlaubt«. Der logische Gesichtspunkt ist dabei vielleicht nicht so wesentlich. Aber soziologisch ist die Doktrin von der größten Bedeutung. Dadurch, daß sie im Prinzip für weitere Zusätze zur geoffenbarten Lehre die Tür fest verschließt, stärkt sie ganz außerordentlich die Position derjenigen, die mittels der Schriftkultur Zugang zur feststehenden Wahrheit haben und die sich ihrer als einer Legitimationsurkunde bedienen. Ihnen können keine neuen Offenbarungen den Wind aus den Segeln nehmen.

Ein bißchen vorgreifend, läßt sich sagen, daß es auch noch einen Platonismus Nr. 3 gab, der eine weitere Verbesserung des Systems erzielte. Diese bestand darin, daß die Hypostasierung und Vergöttlichung des Worts durch die platonische Doktrin ergänzt wurde, derzufolge die durchgreifende Erziehung einer sorgfältig ausgesuchten, individuell erwählten Elite, die in Krieg, Verwaltung und Kenntnis der Normen geschult ist, das sogar noch der Schulung durch das Stammesleben überlegene richtige Mittel ist, um sozialen Zusammenhalt und eine stabile politische Ordnung zu erreichen. Die Dauer und Macht des osmanischen Imperiums legt von der Vorzüglichkeit dieses Mittels Zeugnis ab. Dieses Mittel wurde indes erst relativ spät in der Geschichte des Islam entwickelt und ist meines Erachtens eher eine Spielart des Islam als ein wesentlicher Teil von ihm. Aber wenn schon Mohammed Platonismus praktizierte, indem er eine ganze Gesellschaft lehrte, das Wort zu verehren, so gingen die Mamluken und Türken in ihrem Platonismus noch weiter, indem sie systematisch Wächter ausbildeten und den korrumpierenden Bindungen an die Sippe entzogen, statt es dem Stammesleben zu überlassen, eine wildwachsende Art hervorzubringen, die für ihr Wachstum auf eben die Sippenbande angewiesen war, denen Platon so sehr mißtraute.

Demnach steckte in der Erfindung der Schrift das Potential für eine ideologische Entwicklung, die jene sozialen Gruppen, die für die Schriftkultur empfänglich waren, stark begünstigte. Nun gedeiht die Schriftkultur am besten unter Spezialisten; sie ist von Haus aus selber eine Spezialtätigkeit, aber sie ist dann auch anderen Spezialtätigkeiten förderlich, indem sie zu ihrer Kodifizierung, Verbreitung und Abgrenzung beiträgt. Spezialisten unterschiedlicher Profession wiederum sind wechselseitig voneinander abhängig und neigen deshalb dazu, sich an einem Ort zusammenzufinden; womit sie städtische Zentren schaffen. Die Schriftkultur sagt ihnen zu, kommt ihnen zupaß, nützt ihnen und wird zu ihrem gemeinsamen Erkennungszeichen. Die Betonung, die hier auf die sozial bekräftigte Transzendenz dieses normativen Systems gelegt wird, mag eine andere, höchst wichtige Eigenschaft des Systems in den Hintergrund treten lassen – seine Fähigkeit, auch und sogar einer anonymen und wechselnden Stadtbevölkerung die Grundlage für eine ziemlich genaue und ins einzelne gehende Regelung ihres Soziallebens zu liefern. Nr. 2 ist, wenn man so will, auch ein talmudischer Platonismus. Solch kodifizierte Regelungen haben nun wiederum eine natürliche Affinität zum städtischen Leben. Ein schrift*los* tradiertes Regelsystem ist nur denkbar in ziemlich stabilen, nicht-anonymen, nicht-städtischen Gesellschaften.

Der Platonismus Nr. 1, der das Wort vergöttlicht, schmeichelt uns Intellektuellen. Wir lassen uns gern sagen, daß unser wichtigstes Arbeitsgerät heilig sei. Etwas von dem Glanz fällt auch auf uns. Aber den normalen Menschen ist die persönliche Note lieber, und sie haben auch, oder sogar gerade, beim Monotheismus lieber jenen Rest von menschlicher Wärme im Universum, den dieser dadurch beibehält, daß er das Wort, wie vom Platonismus Nr. 2 vorgegeben, Gott zuschreibt.

Die Doktrin, daß die Reihe der Propheten ein für allemal abgeschlossen ist, begrenzt das Heilige und schützt es vor der Entwertung. Platon selbst war sich des quantitativen Aspekts seiner Ideenlehre nicht hinlänglich bewußt. Die Ächtung allen Neuerertums schützt einen Schriftglauben vor inflationären Entwicklungen.

So gab der Schriftglaube den Stadtbewohnern und den Stammesangehörigen ein gemeinsames Idiom, auch wenn sie unterschiedlichen Gebrauch davon machten, und ließ sie zu Teilen einer, wie man zweifellos sagen kann, durchgängigen moralischen Ordnung werden. Dabei wird der Kult des Worts so weit ins Extrem getrieben, daß er seinen Trägern große moralische Autorität verleiht. Gleichzeitig wird der Hirtennomadismus bis zu einem Punkt entwickelt, an dem er den Zusammenhalt der auf gegenseitiger Hilfe beruhenden weidewirtschaftlichen Kollektive (»Stämme«) außerordentlich stark werden läßt und unglücklicherweise zu einer Schwächung jeder politischen Ordnung führt, die nicht auf einer Koalition solcher Stammeskollektive basiert. Diese Verschmelzung von Schriftglauben und Hirtennomadismus, von denen beide im Rahmen eines umfassenden Systems *ins Extrem* ihrer Möglichkeiten getrieben sind, *ist* die klassische Welt des Islam.

Daraus folgt der Unterschied zwischen europäischen und muslimischen Dynastiegründern. Nach der *Völkerwanderung* wurden Könige in Europa eher unter den Magnaten als unter Stammeshäuptlingen ausgewählt; die muslimischen Herrscher sind entweder Stammeshäuptlinge oder Männer Gottes, die unter dem Banner der Religion Stämme zusammenschmieden.

In mancher Hinsicht ist das Stammeswesen ein viel widerstandsfähigeres Gewächs als der Feudalismus. In England konnte der Krieg der Rosen die Feudalklasse dezimieren und eine Stärkung der Monarchie bewirken. In Persien hingegen klagte man darüber, daß, so viele *Stammeskhans* man auch umbrachte, immer neue aus den Häuptlingsfamilien hervorgingen; das Umbringen konnte mit ihrem Nachwachsen nicht Schritt halten, so daß also die Stämme durch die Beseitigung ihrer Anführer beim besten Willen nicht niederzuhalten waren. Eine mehr oder minder auf sich selbst gestellte Feudalklasse läßt sich *en bloc* massakrieren (wie im neunzehnten Jahrhundert in Nepal geschehen), durch einen langdauernden Konflikt zugrunde richten oder in irgendeinem Versailles durch die Brot-und-Spiele-Taktik korrumpieren; das Führertum stammesförmiger Segmente hingegen hat die Qualität einer veritablen Drachensaat.

Die Wildheit der ländlichen Stammesregionen, in denen keine Miliz über den Frieden wacht, ist mitnichten eine Hobbessche Anarchie, ein Kampf aller gegen alle. Lange bevor die moderne Sozialanthropologie diese Entdeckung machte, wußte Ibn Khaldun bereits sehr genau, daß die Menschen im Naturzustand nicht individualistisch, sondern stammesförmig organisiert sind. Dieser Höfling wußte mehr über das Stammeswesen als die politischen Philosophen Europas; in seiner Gesellschaft war es ziemlich schwer, darüber hinwegzusehen. Er verfügte über eine tiefe Einsicht in das Hirtennomaden- und Stammesleben: »Jene, die niemanden in ihrer Abstammungslinie haben [der sich verpflichtet weiß], setzen wenig Stolz in ihre Gefährten. Wenn sich am Tag des Kriegs die Atmosphäre verfinstert, stiehlt sich jeder einzelne von ihnen davon ... Daher können solche Leute nicht in der Wüste leben ...«[1]

So ist in den wilden Regionen der Naturzustand eine *Realität:* Die Aufrechterhaltung der Ordnung und die Wiedergutmachung von Unrecht liegt in den Händen der wehrhaften Bevölkerung selbst und nicht einer dem Recht Geltung verschaffenden spezialisierten Instanz, nämlich des Staats. Dieses Fehlen der Staatsmacht hat aber mit Individualismus nichts zu tun. Die Beteiligten wissen sich ihren Gefährten aus derselben Abstammungslinie verpflichtet. Die Ordnung wird, jedenfalls bis zu einem gewissen Grad, durch die Mechanismen der unstaatlichen *stammesförmigen* Organisation garantiert.

Die Schwäche des Staats – die Miliz ist weit weg – erlaubt diesen ländlichen Einheiten, stark zu sein und

---

[1] Ibn Khaldun, Muqaddimah I., S. 263.

zwingt sie zugleich dazu; ihre Stärke erhält wiederum den Staat schwach. Ist das System einmal etabliert, setzt es sich aus eigener Kraft fort. Ferner ist nach Ibn Khalduns Beobachtungen das Verhalten von Stämmen und Stadtbevölkerung komplementär: Weil nämlich die Stadtbewohner mit gutem Grund die Stammesleute fürchten, können sie sich nicht mit ihren Herrschern auseinandersetzen und die Macht in der Stadt mit ihnen teilen: Sie brauchen die Herrscher zu sehr, um sich solch eine Herausforderung leisten zu können, selbst wenn sie den Mut dazu hätten. Und wer sind diese Herrscher?

Platon hatte eine Antwort auf die Frage, wer die Herrscher sein sollten und wie sie ausgebildet sein müßten, um gute Herrscher zu sein, so daß weitere Herrscher, die wiederum sie unter Kontrolle halten müßten, überflüssig wären; wie sie aus so edlem, unzerstörbarem Metall zu schmieden wären, daß, für eine gewisse Zeit wenigstens, keine Notwendigkeit mehr bestünde, sich der auf einen *regressus in infinitum* hinauslaufenden politischen Gretchenfrage zu stellen – der Frage, wer über die Wächter wacht.

Ibn Khaldun ergeht sich nicht in dergleichen philosophischen Spekulationen oder Verordnungen. Die Korrumpierbarkeit von Herrschern ist ihm ein zentrales Faktum, das nicht bestritten wird. Am Ende liegt die Lösung nur darin, daß es eine jederzeit gewährleistete Zufuhr von neuen Herrschern gibt. Diese werden nicht durch eine philosophische Schulung, durch jene wohldosierte platonische Mischung aus Musik und Körperübungen, hervorgebracht, sondern sie entstehen unter den natürlichen Bedingungen des Stammeslebens, jenes ewig fruchtbaren Schoßes, dem nicht Philosophenkönige, sondern Stammeskönige, entspringen.

Er liefert eine gradlinige, tatsachenorientierte Darstellung, in der er uns berichtet, wer die Herrscher sind, wo sie herstammen und wie sie zu dem Charakter kommen, der sie zum Herrschen und zur Verteidigung der Stadt befähigt: »Führerschaft entsteht nur durch Übermacht, und Übermacht nur durch Gemeinschaftsgeist.«[1]

Das ist vielleicht der wichtigste Einzelsatz in Ibn Khalduns Soziologie: Herrschaft, Macht sind der Lohn für sozialen Zusammenhalt. Jeder strebt nach der Macht und ihren Vergünstigungen, nur sehr wenigen wird sie zuteil, und diese wenigen werden aus der Gruppe derer erwählt, die zusammenhalten. Regiert wird kraft des Stammes, und nur diejenigen, die zusammenhalten, verdienen zu regieren. Die politische Führung ist das Geschenk des Stammes an die Stadt. In gewissem Sinn *ist* der Staat ein Stamm, der aus der Wüste in die Zitadelle umgezogen ist und statt der Herden die Stadt melkt und die Moschee beschützt; die Dreiheit Markt-Zitadelle-Moschee konstituiert das politische System. Der sowjetische Ethnologe Khazanov hat die Hypothese aufgestellt, daß die Nomaden in dem Maß, wie sie in den Staatszusammenhang verwickelt werden (als Handelnde, als Leidende oder als beides), an egalitärem Charakter verlieren. Die Eroberung der Hochburg des politischen Lebens durch einen Stamm oder eine Gruppe von Stämmen führt dann auf diesem Weg zu einem extremen Punkt: Der Stamm unterliegt einer extremen Schichtung, insofern einer aus ihren Reihen Sultan und die Angehörigen seiner Sippe seine Minister werden, die zugleich das Reservoir bilden, aus dem sich ein eventueller Nachfolger rekrutiert. Zugleich erlangen die politischen Institutionen des Stammes, die in seiner ursprünglichen Heimat zeitlich begrenzt oder »disponibel« waren und nur in Kraft gesetzt wurden, wenn ein Konflikt das nötig machte – eine staatsförmige Permanenz und Kontinuität.

Nicht, wie Platon meinte oder wollte, eine solide philosophische Erziehung ist es, was einen in den Stand setzt, Macht auszuüben. Ganz im Gegenteil: Erziehung entmannt politisch. »Jene, die auf die Vorschriften bauen

---

[1] Ebd. I., S. 269.

und seit Anbeginn ihrer Erziehung und Unterweisung in den Handwerken, den Wissenschaften und religiösen Dingen von ihnen regiert werden, lassen entsprechend viel an Mut vermissen. Sie können sich schwerlich gegenüber feindlichen Angriffen verteidigen. Dies ist der Fall bei Studenten, die sich gänzlich dem Studium widmen und dem, was sie bei den Lehrern und religiösen Führern aufnehmen ...«[1]

Erziehung und Gesetzestreue führen zur politischen Schwäche; sie untergraben jenen besonderen gesellschaftlichen Zusammenhalt, der allein Macht verleiht. Das bringt den Muslim Ibn Khaldun in leichte Verlegenheit, und er muß ein bißchen zusätzlich argumentieren: »Dem widerspricht nicht, daß die Prophetengefährten die Vorschriften der Religion und des religiösen Gesetzes aufnahmen und gleichwohl nicht an Mut einbüßten ... Als die Muslime ihre Religion von Mohammed empfingen, wurden sie von innen heraus im Zaum gehalten ... Dies geschah nicht durch technische Unterweisung und wissenschaftliche Belehrung. Es waren Vorschriften und Richtlinien der Religion, die sie mündlich überliefert bekamen ... Ihr Mut blieb ausgeprägt und wurde nicht durch Erziehung und Macht geschmälert.«[2]

Auf diese Weise bringt er seine Ansicht, daß Erziehung und Macht politisch und militärisch zersetzend aufeinander wirken, mit der Pietätsforderung in Einklang, mit der anerkannten Tatsache, daß die Gefährten des Propheten Zusammenhalt kannten und doch das Gesetz von Mohammed empfingen.

Wenn nur der Zusammenhalt Macht begründet und er allein zum Führertum qualifiziert, und wenn er sich aber durch Erziehung nicht vermitteln läßt – ganz im Gegenteil –, wie kommt man dann zu ihm? Die Antwort ist klar: »Nur Stämme, die durch Gemeinschafts-

[1] Ebd. I., S. 259f.
[2] Ebd. I., S. 260.

geist zusammengehalten werden, können in der Wüste leben.«[1]

Und: »Gemeinschaftsgeist entsteht nur aus der Verbundenheit durch eine gemeinsame Abstammung oder etwas dergleichen.«[2]

Mit anderen Worten, Zusammenhalt stellt sich in Gruppen her, die in einer rauhen natürlichen Umgebung leben, weit weg von den für Gesetz und Ordnung sorgenden Milizen des Staats, in Gruppen, die sich einander durch Blutsverwandtschafts*vorstellungen* verbunden fühlen; oder, um es kürzer zu sagen, unter Stammesgenossen. Wenn auch Ibn Khaldun die Rede vom »Blut« gelegentlich konkretistisch ernst zu nehmen scheint – »die Achtung der Blutsbande ist dem Menschen natürlich« – weiß er es in Wirklichkeit besser. »Blut« ist weder eine notwendige noch eine zureichende Bedingung für Zusammenhalt: Es ist nur eine Art, über ihn zu *reden*. Es ist nicht notwendig: »Zu dieser Kategorie gehören auch die Klienten und Bundesgenossen. Der Stolz, den jeder in seine Klienten und Bundesgenossen setzt, entstammt dem Gefühl der Beschämung, das eine Person überkommt, wenn einem ihrer Nachbarn, Bluts- oder angeheirateten Verwandten gleich welchen Grades Unrecht getan wird.«[3]

Auch reichen Sippenbande nicht aus, wenn die gesellschaftlichen Voraussetzungen für ihre Wirksamkeit – der Zwang, in einer rauhen, nicht oder nur schlecht regierten Umwelt zu überleben – fehlen: »Die isolierten Einwohner der Städte besitzen ein ›Haus‹ [d. h. Verwandtschaftsgruppe] nur im übertragenen Sinn. Die Annahme, sie besäßen eines, ist ein trügerischer Anspruch ... Viele Stadtbewohner, die ihrem Ursprung nach aus arabischen und nichtarabischen ›Häusern‹ stammen, teilen diese fixe Idee. Am grundsätzlichsten halten die Söhne Israels an

[1] Ebd. I., S. 261
[2] Ebd. I., S. 264.
[3] Ebd.

dieser fixen Idee fest. Ursprünglich hatten sie eines der
größten ›Häuser‹ der Welt … aufgrund ihres Gruppengeistes und der Königsherrschaft, die Gott ihnen verhieß
und vermittels des Gruppengeistes gewährte. Da nun
wurden sie all dessen entblößt … Noch immer begleitet
sie diese fixe Idee. Man hört sie sagen: ›Er ist ein Aaro-
nit‹; ›er ist ein Abkömmling Josuas‹; ›er gehört zur Nachkommenschaft Kalebs‹ … Viele andere Einwohner der
Städte, die innerhalb ihrer Abstammungslinie nicht länger am Stammesgeist teilhaben, geben sich ähnlichem
Unsinn hin.«[1]

Es ist offenkundig, daß Ibn Khaldun die Berufung auf
Genealogien und den Anspruch von Stadtbewohnern auf
die Zugehörigkeit zu Verwandtschaftsgruppen für eine
Art soziologische Falschmünzerei hält, für *Unsinn*, um es
deutlich zu sagen; und das nicht, weil die Stammbäume
als solche unbedingt falsch wären – das spielt hier gar
keine Rolle –, sondern weil die soziale Realität, die sie
ursprünglich ausdrücken sollten, der in einem wilden und
gesetzlosen Zustand aus eigener Kraft geschaffene effektive Gruppenzusammenhalt, gar nicht mehr existiert[2].
Wer zuläßt, daß für ihn ein Herrscher die Ordnung gewährleistet, kann nicht wirklich beanspruchen, einem
»Haus« anzugehören. Ein *wirkliches* »Haus« sorgt selber
für seine Verteidigung. Stammbäume ohne ein wirkliches
»Haus« sind einfach Wortgeklingel. Unterwerfung un-
ters Gesetz ist politische Kastration. Das macht er sehr
deutlich: »Ein Stamm zahlt Abgaben erst dann, wenn er
sich im Blick auf die Zahlungen mit einer Haltung demü-
tiger Unterwürfigkeit abgefunden hat. In den Abgaben

[1] Ebd. I., S. 274f.
[2] Zur politischen oder sonstigen Wirksamkeit angenommener agnatischer Abstammungslinien in Städten siehe K. Brown, People of Salé. Tradition and change
in a Moroccan city 1830–1930. Manchester 1976; C. Geertz, H. Geertz u. L. Rosen, Meaning and order in Moroccan society. Cambridge 1979; Sawsan El Messiri,
Ibn al-balad. A concept of Egyptian identity. Leiden 1979; Michael Johnson,
Political bosses and their gangs. In. E. Gellner u. J. Waterbury (Hrsg.), Patrons
and clients. London 1977; Fuad Khuri, From village to suburb. 1975.

und Steuern stecken Unterdrückung und Erniedrigung, die für ein stolzes Wesen unerträglich sind ... In solchen Fällen ist der Gemeinschaftsgeist zu schwach für Selbstschutz und Verteidigung ... Wenn man sieht, wie ein Stamm durch die Abgaben der Schmach verfällt, kann man nicht hoffen, daß er jemals die Königsherrschaft erringen wird.«[1]

Offenbar ist der Leitspruch eines stolzen Wesens nicht sowohl »Keine Besteuerung ohne politische Vertretung«, sondern vielmehr »*Überhaupt* keine Besteuerung«. Und tatsächlich gab es bis tief in unser Jahrhundert hinein Stämme, deren großer Stolz es war, daß sie sich niemals der demütigenden Besteuerung unterworfen hatten. Diejenigen Stämme hingegen, die sich der Staatsmacht fügen und der Besteuerung unterwerfen, gesellen sich dadurch der Stadtbevölkerung bei und fallen unter die Zahl derer, die untauglich zum Herrschen sind. Nur diejenigen, die sich nicht von anderen regieren lassen, sind selber tauglich zu herrschen: Politische Erziehung ist allein in der Wüste zu haben. Wer befehlen will, darf nicht gehorchen lernen. Und wenn zum Propheten ebenfalls ein Aufenthalt in der Wüste gehört, dann treffen sich in diesem Punkt die beiden, für politische Erneuerung verantwortlichen Elemente – Stamm und Prophet.

So muß sich die städtische Zivilisation ihre eigenen Herrscher von eben denen liefern lassen, die sie selbst nicht zu beherrschen vermag und die die fürs Regieren nötige Widerstandskraft und Kraft des Zusammenhalts in den unkultivierten Wüstenregionen erwerben. So sind politisch, und nicht nur politisch die Zivilisierten auf die Barbaren angewiesen: »Wenn Seßhafte mit Beduinen in der Wüste zu tun haben oder sie auf einer Reise begleiten, sind sie von ihnen abhängig. Sie vermögen ohne sie nichts für sich selbst zu tun. Dies ist bezeugt.«[2]

[1] Ibn Khaldun, Muqaddimah I., S. 289 f.
[2] Ebd. I., S. 258.

Ökonomisch indes besteht eine umgekehrte Abhängigkeit. »Während die Beduinen die Städte zur Deckung ihrer Lebensbedürfnisse benötigen, brauchen die Städter die Beduinen [nur] für Gegenstände des Komforts und des Luxus ... Solange die Beduinen in der Wüste bleiben und keine königliche Macht und Kontrolle über die Städte erlangen, brauchen sie deren Einwohner ...«[1]

Die ökonomische Abhängigkeit der stammesgebundenen Hirtennomaden von den städtischen Handwerkern und Fachhändlern, die schließlich in ihrer religiösen Abhängigkeit vom entscheidenden Spezialistentum der Schriftkultur ihren symbolischen Ausdruck findet, resultiert aus ihrem ersichtlichen Mangel an Autarkie: Sie sind keine fensterlosen Monaden. Das ist das Gegenteil dessen, was man erwarten würde oder was in Platons Welt als selbstverständlich vorausgesetzt wird, wo die unkultivierte ländliche Bevölkerung ökonomisch völlig unabhängig ist und wo nur das Verlangen nach Luxus und Zivilisation die Eroberung und Verteidigung von Territorium, mithin das Problem der Staatskunst, nach sich zieht. Hier ist das Verhältnis umgekehrt: Die Städter scheinen ökonomisch unabhängig und scheinen die Stämme aus der Wüste nur als Lieferanten von Luxusgütern oder, was entscheidender ist, für die Besetzung politischer und militärischer Stellen zu brauchen, während es sich beim Verhältnis der Stämme zu den Städtern genau andersherum verhält. In bezug auf das traditionelle Algerien stellte 1840 Tocqueville das gleiche fest: »Beinahe die ganze manufakturelle Industrie war in die Städte eingeschlossen.«[2]

Der Artikel ›Algerien‹ in der ›New American Encyclopedia‹ von 1858 modifiziert das Bild nur leicht, indem er die Berber teilweise ausnimmt: »Die Kabylen sind ein fleißiger Volksstamm, sie leben in regelrechten Dörfern,

[1] Ebd. I., S. 309.
[2] Œuvres complètes, Bd. 3, S. 172.

sind ausgezeichnete Ackerbauern und arbeiten in Bergwerken, bei der Metallbearbeitung und in Werkstätten für Rohwolle und Baumwolle. Sie stellen Schießpulver und Seife her ... Die Araber folgen den Sitten ihrer Vorfahren, sie führen ein Nomadenleben und verlegen ihre Lager von Ort zu Ort.« Der Verfasser des Beitrags ist Friedrich Engels[1].

Ibn Khaldun hätte hinzufügen können, daß ziemlich dasselbe auch in bezug auf die, wie man sagen könnte, religiöse Ökologie gilt: Wenn die Stämme einer Religion der Heiligen Schrift anhängen, dann sind sie am Ende abhängig nicht nur von städtischen Handwerkern und Handelsleuten, sondern auch von schriftkundigen religiösen Fachleuten.

Arbeitsteilung ist das Wesen des städtischen Lebens. Sie ist der Schlüssel zur Fähigkeit der Stadtbewohner, jene ökonomischen und kulturellen Dienstleistungen zu erbringen, zu denen die Stammesangehörigen selber nicht imstande sind. Im Rahmen ihrer Wertvorstellungen lehnen die Stämme Spezialisierung ab: Der ökonomische Spezialist wird verachtet, dem Spezialisten für Ritus und Politik begegnet man mit Mißtrauen, Ambivalenz und Ironie, selbst wenn man ihn respektiert, fürchtet und verehrt[2]. Unter dem Feudalismus in Europa lehnte nur eine relativ kleine Oberschicht den Handel bzw. ökonomische Tätigkeiten ab. In der muslimischen Stammesgesellschaft ist es die überaus breite Mittelschicht gewöhnlicher Stammesangehöriger, oberhab der Handwerkerschicht und unterhalb des religiösen Adels, die ein spezialisierungsfeindliches Ethos vertritt. Wer indes diesen Um-

---

[1] In: Karl Marx/Friedrich Engels, Werke, Bd. 14, S. 96.
[2] Siehe Martha Mundy, Ṣanʿāʾ dress, 1920–75. In: Ṣanʿāʾ. An Arabian Islamic city. Hrsg. v. R. B. Serjeant u. R. Lewcock. London 1983: »Landbewohner ... legten Gewicht auf die Autarkie und Autonomie von Menschen und Gemeinschaften. Von der Zugehörigkeit zum Stamm schlossen sie einen Großteil jener aus, die vom Verkauf ihrer Dienste abhängig sind.« Spezialisierung macht einen abhängig und moralisch fragwürdig. Siehe T. Gerholm, Market, Mosque and Mafrag. Stockholm 1977.

stand als Erklärung für den relativen Mangel an ökonomischer Entwicklung anführen wollte, hätte auch der Tatsache Rechnung zu tragen, daß Stammesangehörige, ungeachtet ihrer Wertvorstellungen sich bereitwillig und ohne Bedenken auf den Handel verlegen, sobald die politischen Verhältnisse das zulassen – und manchmal sogar schon vorher.

Daß in der traditionellen Gesellschaftsordnung die Stämme ökonomisch und religiös-kulturell die Städte brauchen, ist von eminenter Bedeutung und stellt das neben der *politischen* Abhängigkeit der Städte von den Stämmen zweite überaus wichtige Moment in Ibn Khalduns Welt dar. Die gegenseitige Abhängigkeit hält die Gesamtgesellschaft in ihrer eigentümlichen Form zusammen und hilft das vielleicht Rätselhafteste von allem zu erklären: warum eine politisch so zerbrechliche Gesellschaft kulturell so außerordentlich in sich geschlossen und homogen sein kann.

Ein Gesellschaftstyp

Die von Ibn Khaldun genial geschilderte Gesellschaft ließe sich auch mit anderen Begriffen umreißen, die den Gegensatz beleuchten würden, in dem sie zu anderen Gesellschaftsnormen steht. Ibn Khalduns Scharfsicht ist um so bemerkenswerter, als er offensichtlich der Meinung war, er beschreibe *die* menschliche Gesellschaft, Gesellschaft *als solche*, Gesellschaft wo auch immer.

Seine Analyse soll sich offenbar aus der Erkenntnis grundlegender anthropologischer oder gesellschaftlicher Charakterzüge ergeben und nicht auf der Wahrnehmung irgendwelcher kultureller Besonderheiten basieren. Hierin täuschte er sich; um so bemerkenswerter ist, daß er das dennoch zu sehen vermochte, was in seinem Gesichtskreis ohne kontrastierende Vergleichsmöglichkeit blieb. Seine Scharfsicht widerlegt die Ansicht, daß leben differieren heißt und daß man in seinem Gesichtskreis nur das wahrnehmen kann, was sich von anderen Dingen unterscheidet.

Es lohnt sich, Ibn Khalduns Welt mit anderen als mit seinen eigenen Begriffen zu skizzieren. Sie ist eine Stammeswelt, oder besser, eine Welt, in der der Großteil des Lebens auf dem Land stammesförmig organisiert ist. Was heißt das? Das heißt, daß die Aufrechterhaltung der Ordnung auf dem flachen Land, in der Wüste und in den Bergen in den Händen von lokalen Gruppen liegt, die sich im Rahmen wirklicher oder angeblicher verwandtschaftlicher Bindungen definieren, oder im Rahmen von Beziehungen, die für verwandtschaftliche Bindungen einen Ersatz bieten, wie etwa das Klientelverhältnis. Es heißt, daß diese lokalen Gruppen relativ wenig geschichtet sind: Sie haben zwar Anführer, aber diese Anführer stützen sich auf ihre bewaffneten Gefolgsleute und können diese deshalb nicht despotisch beherrschen.

Es gibt drei Arten von Stämmen: Um mit Platon zu reden, gibt es die Wölfe, die Schafe und die Wachhunde. Es gibt Stämme, die stark genug sind, um der Staatsmacht zu trotzen und sich der Besteuerung zu widersetzen und auf diese Weise ihren Zusammenhalt und Charakter zu bewahren; und diese Stämme behalten das, was Ibn Khaldun als Befähigung zur königlichen Macht bezeichnet, wiewohl die letztere im allgemeinen nur erobert werden kann, wenn einer ganzen Gruppe durch die Religion ein besonderer Zusammenhalt verliehen wird. Das sind die Wölfe. Dann gibt es diejenigen, die ursprünglich selber zu den Wölfen gehörten, aber erfolgreich genug waren, die königliche Macht zu *erlangen* – durch Eroberung der Gebiete, in denen sie sich ausüben läßt, nämlich der Städte und Regionen mit fester Besiedlung. Das sind die

Wachhunde[1]. Und schließlich gibt es die Schafe, die sich der Staatsmacht unterworfen haben und dadurch ihren Mangel an Charakterstärke verraten, die ihnen zur königlichen Würde verhelfen könnte, einer Charakterstärke, die sie durch ihre Gewöhnung an den Gehorsam nur immer vollständiger einbüßen[2].

In dieser Klassifizierung der Stämme steckt eine politische Soziologie, die Ibn Khaldun ausführt. Regiert wird durch Stämme, die ihr Zusammengehörigkeitsgefühl eint, durch Wachhunde, die vormals Wölfe waren, durch in Wachhunde verwandelte Wölfe; und regiert wird über Städte und Schafe. Eine Regierung des Volkes über das Volk ist Unsinn. Wenn die modernen Verhältnisse zu einer Verschmelzung des Demokratiejargons mit dem Geist Ibn Khalduns führen, dann ergibt das eine besondere Art von »totalitärer Demokratie«, bei der ein populistisches Wortgeklingel eine auf Nepotismus und Protektion basierende Politik kaschiert. Unter den modernen Verhältnissen läßt sich oft feststellen, daß mittels eines Protektionssystems regiert wird, das selber eine kommunale oder regionale Grundlage hat. Das ist dann kein echter Fall von Ibn Khaldunscher Herrschaft mehr, bei der eine ganze, an der Eroberung beteiligte Verwandtschaftsgruppe quasi von Rechts wegen an den Vorteilen, die die Erringung der königlichen Macht mit sich bringt, partizi-

---

[1] Zu den untergeordneten Wachhunden, Stämmen, die zum Ausgleich für geleistete Dienste bevorzugt behandelt werden, siehe William Schorger, The evolution of political forms in a North African village. J. le Coz, Les Tribus Guichs au Maroc. In: Revue de Géographie du Maroc (1965) 7.

[2] Einer der Unterschiede zwischen dem Nahen Osten im strengen Sinn und Nordafrika bestand darin, daß der erstere einen bedeutenderen Anteil an seßhaften, unterworfenen Bauern aufwies, und zwar im Bereich zwischen den Städten und den Stämmen. Siehe E. Burke, Morocco and the Middle East. Reflections on some basic differences. In: European Journal of Sociology (1969) 10. Tatsächlich ist es gelegentlich möglich, die Stadt-Land-Beziehungen im Nahen Osten fast ohne Rücksicht auf die Nomaden und Stammesangehörigen zu behandeln, als fielen diese kaum ins Gewicht und als wäre Herrschaft immer eine Angelegenheit der Städte. Siehe Gabriel Baers Town and Village. Dichotomy or Continuum? In: Asian and African studies 11 (1976) 1, eine Rezension zu Richard Antoun u. Ilya Harik (Hrsg.), Rural politics and social change in the Middle East. London 1972.

piert. (Vielleicht hat es so eine Konstellation in vollständig reiner Form nie gegeben. Gegenleistungen müssen immer etwas gegolten haben. Es ist unwahrscheinlich, daß die Privilegien ganz mechanisch auf Grund der genealogischen Stellung der Betreffenden erteilt wurden und ohne daß andere Überlegungen ins Spiel kamen.) Aber dieses System hat doch noch etwas mit dem alten Schema gemein. Die protektionistischen Beziehungen stellen sich nicht auf einem, wie man sagen könnte, öffentlichen Markt der Korruption frei und willkürlich her. Ihre Herstellung tendiert dazu, sich an bereits vorhandenen Gruppenverbindungen zu orientieren. Solche, heutzutage üblichen Beziehungssysteme sind vielleicht als eine politische Misch- oder Zwischenform anzusehen, als eine neo-Ibn-Khaldunsche Regierungsform.

Es ist erstaunlich, wieviel mehr Ibn Khaldun ein empirischer Soziologe als ein normativer politischer Philosoph ist. Er verschwendet wenig Zeit aufs Moralisieren. Er sagt uns, was politische Macht ist, referiert ihre Naturgeschichte, und das ist alles. Politische Macht ist Herrschaft von Gruppen, die einen starken Zusammenhalt haben, über andere Gruppen, die weniger Zusammenhalt haben oder weniger vom Glück begünstigt sind, *sowie* über die Städte und die nicht stammesgebundene Landbevölkerung, wenn dergleichen vorhanden ist. Unter freien Stämmen gibt es wenig Recht und Gesetz, außer demjenigen, für das die Stämme selber Sorge tragen. In regierten Regionen herrscht das Gesetz, was nichts anderes heißt, als daß die Herrscher das Monopol aufs Unrecht haben, das sie in großem Maßstab üben können (allerdings interessanterweise nicht auf eine legitimierte Gewaltanwendung): »Feindseligkeiten unter den Einwohnern der Städte werden von der Obrigkeit und der Dynastie verhindert ... So werden sie von Unrecht abgehalten, ausgenommen jenes, das vom Herrscher selbst verübt wird.«[1]

[1] Ibn Khaldun, Muqaddimah I., S. 262.

Das Problem, mit dem Platon und die modernen Liberalen gleichermaßen zu tun haben und das sie so ganz unterschiedlich lösen (indem sie einen vollkommenen Zustand entweder mittels der Herrscher oder aber durch einen Pluralismus der sich gegenseitig abschwächenden unvermeidlichen Unvollkommenheiten zu erreichen suchen), das Problem, wie man das Unrecht verhindern kann, das teils *von* der Staatsmacht an den Untertanen, teils von den Untertanen *untereinander* verübt wird, dieses Problem scheint Ibn Khaldun wenig zu kümmern. Moralisch gesehen, ist zwischen Wölfen und Wachhunden kein großer Unterschied. Sie unterscheiden sich nur durch ihre Stellung, das Glück, das sie haben, oder die Stärke ihres Zusammenhalts. In bezug auf die Gesellschaft, der er angehört und die er beschreibt, dürfte auch das wohl den Tatsachen entsprechen. In seiner Abhandlung finden sich kluge Maßregeln und Ratschläge für Monarchen – wie z.B., daß der Herrscher durch große Härte die Leistungsfähigkeit beeinträchtigt und seinem eigenen Interesse schadet –, aber mehr nicht.

Ibn Khalduns Modell ist kein statisches. Seine Dynamik, die in der Theorie von einer Art Kreislauf der Stammeseliten besteht, bildet den bekanntesten Teil des Modells. Diese Theorie ist natürlich in der Klassifizierung der Stämme und in der Ansicht, daß Wachhunde zuvor Wölfe sind und am Ende zu Schafen werden müssen, implizit bereits enthalten.

Politische Macht und die mit ihr verbundenen Privilegien zerstören eben den Zusammenhalt, der einer Gruppe und ihrem Anführer diese Macht anfänglich verlieh. Indem der Zusammenhalt allmählich schwindet, nimmt der Herrscher die Gewohnheit an, sich eher auf Söldner als auf die Leute seiner Sippe zu verlassen. Indem seine Macht und sein Gebiet kleiner werden, bringt selbst eine harte Besteuerung weniger ein als die milde Besteuerung in den halkyonischen Tagen der Ausbreitung seiner Macht; und so entfremden die Forderungen des Herrschers ihm seine Untertanen zu eben der Zeit, da die Gefolgschaft, über die er verfügt, an Qualität verliert. Schließlich werden die erschöpften Wachhunde durch eine neue Gruppierung fest zusammenhaltender, kriegerischer Wölfe, kraft ihrer Eigenschaften wie geschaffen für die Macht, ersetzt – nur damit diese, vier Generationen danach, ein ähnliches Schicksal erleiden.

Diese Rotationsbewegung innerhalb eines starren Strukturzusammenhangs ist möglicherweise einer bestimmten allgemeinen Ökologie oder, wenn man will, Produktions- und Reproduktionsweise eigentümlich. Das ist eine Ökologie, bei der eine extensive nomadische und/oder alpine Weidewirtschaft zusammen mit Handel und städtischen Zentren handwerklicher Produktion existiert und bei der jene ineinander eingebetteten, auf gegenseitiger Hilfeleistung beruhenden Gemeinschaften, die wir Stämme nennen, kraft ihres Zusammenhalts und ihrer Beweglichkeit zur Herrschaft gelangen. Zugleich sichert der allgemeine Stand der kulturellen und technischen Entwicklung den Städten eine andere Art von zentraler Bedeutung und Legitimation. Die Städte sind ökonomisch unentbehrlich; der Schriftglaube unterstreicht und verstärkt ihre Stellung. Die Folge sind jene besondere Rotation der Führungsschicht und jene besondere Symbiose zwischen unzivilisiertem Stammeszusammenhalt und städtischer Kultivierung, die Ibn Khaldun beschreibt[1]. Die Stämme liefern die Herrscher und ein paar Luxusartikel, die Städte liefern die wichtigen Arbeitsgeräte und die moralische Legitimation.

Das Schema als solches ist nicht unbedingt islamisch:

---

[1] Eine mikroskopische Version dieser Art von Herrschaft in unserer Zeit behandelt Philop K. Salzman, The proto-state in Iranian Baluchistan. In: R. Cohen u. E. R. Service (Hrsg.), Origins of the state. Philadelphia 1978. Es ist nicht immer und überall so, daß die Nomaden die seßhafte Bevölkerung überfallen. Bisweilen beißt der Mann den Hund. Anscheinend waren Ackerbau treibende Oasenbewohner in China dafür bekannt, daß sie erfolgreich Überfälle verübten und brutal die Herden mongolischer Nomaden raubten. Siehe Caroline Humphrey, Life in the Mongolian Gobi. In: The Geographical Magazine 43 (1971) 9.

Es scheint dieser Art von Ökologie eigentümlich zu sein. Es findet sich in der Trockenzone schon vor dem Islam, und es ist bemerkenswert, daß dieses zirkuläre oder »reversible« Schema auch von Gelehrten registiert worden ist, die als Marxisten erwartungsgemäß eher an grundlegenden Strukturveränderungen als an der bloßen Fortdauer eines fundamental gleichbleibenden Schemas interessiert sein dürften. Offensichtlich ist der Nomadismus der Trockenzone den auf tiefgreifende Veränderungen zielenden Erwartungen nicht sehr günstig. A. M. Khazanov, eine Autorität auf dem Gebiet der Skythen und des Nomadismus überhaupt, der die Meinung vertritt, daß die Skythen möglicherweise mit zu den ersten gehört haben, die durch die Schaffung eines nomadischen Erobererstaats das Schema initiierten[1], stellt fest: »Im Verlauf von nahezu dreitausend Jahren überwogen in der nomadischen Welt der eurasischen Steppengebiete zirkuläre Entwicklungen eindeutig die kumulativen. Wenn gleichwohl den letzteren ein Platz zukam, so stammte der Antrieb hauptsächlich aus den Agrargebieten.«[2]

Ein anderer sowjetischer Fachmann auf dem Gebiet des Nomadismus, G. E. Markov, kommt mit gleicher Entschiedenheit zu diesem Schluß: »... agrarische Regierungsform ist eine irreversible Erscheinung. Sie ändert ihre Gestalt, aber sie kann nicht verschwinden, solange der Klassenwiderspruch aufrechterhalten bleibt.

Kommen wir aber zu Nomaden, so legen die Tatsachen dies Zeugnis ab: Der Übergang in der sozialen Organisation von ›kommunal-nomadisch‹ zu ›militär-nomadisch‹ und vice versa sind reversible Erscheinungen. Nach dem Zerfall nomadischer Reiche entstehen in den ihnen unterworfenen agrarischen Gebieten neue Regierungen. Mit den beweglichen Hirtennomaden ist die

---

[1] Siehe The early state among the Skythians. In: Henry J. M. Claessen u. Peter Skalnik (Hrsg.), The early state. Den Haag 1978.
[2] Sotsialnaia ístoria skifov (Die Sozialgeschichte der Skythen). Moskau 1975.

kommunal-nomadische Organisation in der einen oder anderen Form wieder aufgetaucht.«[1]

Mit »kommunal-nomadisch« meint der Verfasser offenbar eine Gesellschaftsform, die dem entspricht, was wir stammesförmig segmentiert nennen, und mit »militär-nomadisch« meint er eine derartige Gruppe, wenn sie in einer größeren, Städter und Bauern umfassenden Gesellschaft eine politische Führungsrolle übernimmt. Demnach scheint er sich, auch wenn er Ibn Khaldun nicht zitiert, voll und ganz auf dessen Ansichten zu stützen.

Aber wenn es sich so verhält, welche Bedeutung hat dann der Islam selbst? Dessen Verbreitung in der Trokkenzone führte dazu, daß fortan dieser zyklische oder »reversible« Prozeß von Partnern bestritten wurde, die moralisch dieselbe Sprache sprachen und die gesellschaftlich miteinander verkehren konnten, was da unmöglich war, wo skythische Steppennomaden mit griechischen Stadtbewohnern auf der Krim oder mit iranischen Bauern im Transkaukasischen Handel trieben oder Krieg führten. Fortan konnten die Barbaren auf Einladung hin erscheinen; ein Dissident aus dem städtischen Klerus konnte sie in die Stadt führen, um eine moralisch verbrauchte Dynastie abzulösen. Und waren die neuen Herrscher etabliert, konnte ihnen sofort schreibtechnische, geistliche und administrative Unterstützung, und in gewissem Maß auch moralische Belehrung und sogar konstitutionelle Beschränkung durch eine Klasse von Gelehrten zuteil werden, die ein Idiom sprachen, das die eben erst eingetroffenen Stammesherrscher bereits kannten oder jedenfalls achteten. Man könnte also sagen, daß der Islam einem Prozeß, der in sprachloserer und brutalerer Form auch vorher irgendwie stattgefunden hatte, eine gemeinsame Sprache und auf diese Weise eine gewisse Geschmeidigkeit verlieh.

[1] Kochevniki Azii (Die Nomaden Asiens). Moskau 1976.

Auch in Ostasien traten Nomaden bekanntermaßen als Eroberer und Staatsgründer auf, wenn sich Gelegenheit bot. Aber die Gegenden, über die sie herrschten, hätten auch ohne sie unter einer politischen Zentralgewalt gestanden: Vom Gesichtspunkt der Staatsbildung aus waren die Nomaden überflüssig. Das Staatswesen, auch ohne sie gut gegründet, war kein Geschenk des Stammes. Das unterscheidet die ostasiatischen Verhältnisse von der Welt Ibn Khalduns, in der die Nomaden unentbehrlich waren und immer wieder auftraten. Hier schufen sie nicht einen, um mit Markov zu reden, irreversiblen agrarischen Staat. Deshalb mußte das Staatsgeschenk periodisch erneuert werden. Die ostasiatischen Nomaden sind Begleiterscheinungen, die muslimischen Notwendigkeit.

In Germaine Tillions Werk findet sich eine Argumentation, die die wohlbekannten Charakteristika dieser Stammesgemeinschaften, dieser »Vetternrepubliken«, Charakteristika wie etwa ihren relativen Egalitarismus, ihre starke Verteilung ziviler und militärischer Verantwortung und ihr Besitzdenken gegenüber dem weiblichen Teil der Familie, auf die Erfindung und Verbreitung des Ackerbaus und auf das daraus resultierende Bedürfnis nach Arbeitskräften zurückzuführen versucht[1]. Es ist verblüffend, daß ausgerechnet eine Autorin den Männern der mediterranen Frühzeit eine so merkantilistische und freihandelsfeindliche Haltung gegenüber den Frauen und ihrem Austausch zuschreibt. Dieser Theorie zufolge würden die Männer, Claude Lévi-Strauss zum Trotz, ihre Gruppen lieber durch das Einbehalten als durch den Austausch von Frauen gegeneinander abzugrenzen scheinen. Warum aber sollten sie davon ausgehen, daß Austausch keinen Nutzen bringen kann, daß die Verheiratung von Parallelvettern innerhalb der Gruppe zu einer rascheren Vermehrung der Arbeitskräfte führt als ein wohlüberlegter Austausch von Arbeitskräfte produzierenden Bräu-

[1] Le Harem et les cousins. Paris 1966.

ten? Vor allem aber: Wenn das tatsächlich die Erklärung für jene Charakteristika ist, warum weisen dann die nicht-muslimischen Ackerbaugesellschaften so selten eine vergleichbare Struktur auf?

Es scheint plausibler zu sein, die Vetternrepublik dem Hirtennomadismus zuzuschreiben, der Notwendigkeit, gemeinsam das Weideland zu verteidigen, sowie der Schwierigkeit, Hirtenvölker zu unterwerfen, und der Kettenreaktion, in deren Verlauf angrenzende Gemeinschaften gezwungen sind, sich in ähnlicher Weise zu organisieren. Nicht, daß ich das Problem der Parallelvetternheirat lösen könnte, aber dem Zusammenhalt des Klans kommt sie zweifellos zugute. Für den Stammesgenossen bedeutet der Klan nicht nur Zugang zu Weideland, sondern auch Zugang zu Bräuten. Wo könnte man, wenn der Klan nicht wäre, seine Herden weiden, und wen sollte der eigene Sohn heiraten?

Es wäre eine Übertreibung zu sagen, daß Hirtennomaden für eine »segmentierte« Form von Sozialorganisation prädestiniert sind, und es gibt in der Tat Hirtenvölker, die diese Form nicht aufweisen; aber es scheint doch, daß sie stark dazu neigen. Ein einzelner Hirte ist einer beliebigen Gruppe anderer Hirten oder auch einem anderen einzelnen Hirten, der ihn aus dem Hinterhalt überfällt, schutzlos ausgeliefert. Die natürlichste Art, sich gegen diese Gefahr abzusichern, ist, eine auf gegenseitiger Hilfeleistung beruhende Vereinigung zu bilden bzw. ihr beizutreten, – eine Vereinigung, die die gemeinsame Verteidigung der Weideplätze, Wasserstellen usw. ermöglicht und die den Betreffenden rächt, sollte er umgebracht werden. Aber eine kleine Gruppe dieser Art ist wiederum größeren Vereinigungen solcher Gruppen schutzlos ausgeliefert: Mit anderen Worten, das Argument gilt für alle Ebenen, auf denen ein gemeinsames Interesse oder eine gemeinsame Bedrohung entstehen kann. Zugleich verhindert die Mobilität der Hirten wie auch ihrer Habe eine Zentralisierung der Macht und eine politisch-militärische

Funktionsteilung innerhalb dieser Gruppen: Es ist normalerweise schwer, aus solchen Völkern viel Mehrprodukt herauszupressen; denn da die Angehörigen für die äußere Verteidigung ihre Waffen behalten, stehen diese ihnen auch für die Abwehr innerer Unterdrückung zur Verfügung. Aber ohne Mehrprodukt gibt es keine spezialisierten militärisch-politischen Einrichtungen. Der Kreis schließt sich also. Das Ergebnis von alledem ist eben jener charakteristische Aufbau von ineinander eingebetteten Gruppen unterschiedlicher Größe, die intern ziemlich egalitär und wenig zentralisiert sind und bei denen keine bestimmte Größe erkennbar mehr Bedeutung hat als die anderen. Für die Bildung von politischen Einheiten gibt es keine bevorzugte Größenordnung.

In diesem Zusammenhang läßt sich auch die Neigung nomadischer oder halbnomadischer Völker erklären, sich genealogisch zu definieren. Für seßhafte segmentierte Populationen sind Stammbäume keine Notwendigkeit, auch wenn oft Gebrauch von ihnen gemacht wird. Menschen, die einen eindeutig bestimmten Wohnort haben, sind mittels seiner identifizierbar. Aber Nomaden, Menschen ohne festen Wohnsitz, lassen sich, bzw. ihre ineinander eingebetteten Sozialverbände, nicht mittels ihres Aufenthaltsorts definieren. Sie brauchen die Genealogie. Der Stammbaum oder die Zugehörigkeit zur Gruppe ist die einzige Adresse, die sie haben. Insoweit ihre Wanderzüge eine Regelmäßigkeit aufweisen, was gewöhnlich der Fall ist, führt das eher zu einer Definition des Territoriums durch die soziale Gruppe als umgekehrt zu einer Definition der Gruppe durchs Territorium. Ein Weideland ist das Weideland von dem-und-dem Volk (die Zugehörigkeit zu ihm eröffnet den Zugang zum Weideland); nicht aber werden Menschen durch die Örtlichkeit definiert.

Es ist interessant, daß im Verlauf seiner Schilderung des Niedergangs von Dynastien Ibn Khaldun auch eine an Keynes erinnernde volkswirtschaftliche Theorie entwikkelt, die klar erkennbar die Idee des Multiplikators enthält. Allerdings gibt es hier einen entscheidenden Unterschied: Während es bei Keynes der Mittelstand ist, der durch seinen stärkeren Hang zum Sparen den Mangel an effektiver Nachfrage und mithin die wirtschaftliche Depression verschuldet, sind es bei Ibn Khaldun Hof und Regierung, die für den Abschwung im kommerziellen Zyklus nicht nur das mögliche Heilmittel darstellen, sondern auch den ursprünglichen Auslöser bilden. Es ist der Hang der *Regierung,* in Zeiten zu sparen, in denen die Investitionstätigkeit für eine wirtschaftliche Belebung nicht ausreicht, was jenen verstärkten Mangel an Nachfrage herbeiführt, für den die Keynessche Theorie den Mittelstand verantwortlich macht: »Wenn die Gewährungen [Ausgaben], welche der Herrscher aufbringt, geschmälert werden, dann werden die Steuereinnahmen geschmälert. Der Grund dafür ist, daß Dynastie und Regierung der Welt größter Markt sind ... Wenn der Herrscher Vermögen und Abgaben an sich rafft ... dann wird das Eigentum in der Hand seiner Gefolgsleute gering sein. Die Aufwendungen, die sie ihrerseits für ihr Gefolge ... erbringen, kommen zum Erliegen, und ihre gesamten Ausgaben vermindern sich. Sie stellen die größte Zahl unter den Leuten [die viel ausgeben], und ihre Ausgaben haben mehr Substanz für den Markt als diejenigen anderer. Wenn sie aufhören zu zahlen, stockt das Geschäft, und der Handelsprofit wird geringer. Die Einnahmen ... vermindern sich, denn die Steuer ist abhängig von der kulturellen Aktivität, den kommerziellen Transaktionen, dem Gedeihen des Marktes ... Die Dynastie hat darunter zu leiden ... denn das Vermögen des Herrschers schwindet ... Die Dynastie ist der größte Markt, die Mutter und Wurzel allen Handels, die Substanz von Einnahmen und Ausgaben. Wenn ihr Geschäft stockt und das Handelsvolumen sich verringert, so trifft dies die abhängigen Märkte erst recht und um so mehr. Ferner zirkuliert das Geld zwischen den Untertanen und dem Herrscher, von ihnen zu ihm und umgekehrt. Wenn der Herrscher es nun einbehält, dann ist es für die Untertanen verloren.«[1]

Dies dürfte eines der beredtesten Plädoyers für eine inflationäre, expansionistische, gegen Milton Friedman gerichtete Wirtschaftspolitik sein, die je gehalten wurden. Aber wenn Ibn Khaldun auch ein Expansionist war, ein Linker war er ganz sicher nicht. Er war unzweideutig gegen staatliche Aktivitäten im wirtschaftlichen Bereich: »Handelsaktivität von seiten des Herrschers schadet den Untertanen und verdirbt die Steuereinnahmen.«[2]

Er hatte auch nichts für staatliche Preiskontrollen und Eingriffe des Staats in den Markt übrig: »Der Herrscher ... kann den Verkäufer zwingen, seinen Preis herabzusetzen ... Er nötigt die Kaufleute oder Bauern ... von ihm zu kaufen. Er wird sich nur mit den höchsten Preisen oder mehr zufriedengeben. Die Kaufleute und Bauern ... werden ihr flüssiges Kapital erschöpfen ... ein sich oft wiederholender Prozeß. Die Bedrängnis, die finanziellen Einbußen und der Verlust des Profits ... tilgen ... allen Anreiz zur Anstrengung und führen zum Ruin des Steuersystems.«[3]

Offensichtlich war Ibn Khaldun der Meinung, die Regierung solle sich in Keynesscher Manier darauf beschränken, zu einer verstärkten Nachfrage beizutragen, alles andere aber dem Markt zu überlassen und nicht dem privaten Unternehmertum ins Handwerk zu pfuschen.

Aber um wieder zur Sache zu kommen: Teilweise durch diese wirtschaftliche Depression, die eine Folge des

[1] Ibn Khaldun, Muqaddimah II., S. 102 f.
[2] Ebd. II., S. 93.
[3] Ebd. II., S. 94 f.

politischen Niedergangs ist, hauptsächlich aber auf Grund des politischen Schwächezustands als solchem, kommt es zu einer Auswechslung des regierenden Personals, wobei aber die Struktur selbst sich gleich bleibt. Man würde einen falschen Eindruck vermitteln, wollte man Ibn Khaldun als einen pessimistischen Denker bezeichnen und behaupten, seine politische Soziologie durchziehe ein Gefühl der Trauer, er sei besessen gewesen vom Verlangen nach einer Art von Vollkommenheitszustand, in dem die Vorzüge von Zivilisation einerseits und Zusammenhalt und Macht andererseits vereinigt seien und der zu allem Überfluß auch noch Stabilität aufweise. Weder die platonische Absicht, dem Verfall Einheit zu gebieten, noch die moderne Idee von einer unaufhörlichen Vervollkommnung, die in einer grundlegenden Wendung der menschlichen Verhältnisse zum Guten kulminiert, d. h. die Fortschrittsidee, scheinen bei ihm vorhanden. Er nimmt die gesellschaftspolitischen Zusammenhänge so hin, wie er sie vorfindet, und berichtet, wie es sich mit ihnen verhält.

Eine Konvergenz

Das Modell, das hier von der traditionellen muslimischen Zivilisation entworfen wird, ist im Grunde ein Versuch, Ibn Khalduns politische Soziologie mit der die Religion betreffenden Oszillationstheorie David Humes zu verschmelzen. Für sich genommen und so, wie sie sich darbietet, ist Humes Theorie unzureichend. Sie ist bei weitem zu psychologistisch und nicht ganz kohärent. Sie gibt eine elegante, präzise und scharfsinnige Darstellung der Phänomene, aber wenn sie die Gründe analysiert, ist sie zu eng. Diese lassen sich nicht allesamt in der menschlichen Seele finden, in deren Neigung zu wetteiferndem

Schmeichlertum gegenüber dem Mächtigen und zur furchtsamen Verwendung von Maklern und Vermittlern beim Versuch, vom unnahbar Großen eine Gunst zu erlangen. Diese Charakterzüge sind unbestreitbar in uns vorhanden und sie haben auch zweifellos ihre Bedeutung sowohl für die Entstehung der Idee von einem unbeschreiblich fernen und verborgenen Gott als auch umgekehrt für die Schaffung eines Netzwerks von spirituellen Nothelfern, die als Mittler zwischen Ihm und der Menschheit fungieren. Aber sie sind nicht die einzigen Beweggründe, durch die Menschen in die eine oder andere Richtung des von Hume umrissenen religiösen Spektrums gedrängt werden. Es gibt auch soziale Faktoren, Erfordernisse, die sich aus dem Typ von sozialer Organisation ergeben, in der die Menschen sich befinden. Für den religiösen Stil ist die soziale Organisation nicht belanglos. Die eine soziale Organisationsform braucht und begünstigt den einen Stil, und die andere wiederum einen anderen. Um diese sozialen Aspekte muß man Humes Darstellung ergänzen, damit sie zureichend wird. Kurz gesagt: Zu was für einer Religion tendieren naturgemäß Stadtbewohner bzw. stammesgebundene Wölfe?

Wie gesagt, entspricht die charakteristische Form von sozialer Organisation bei den muslimischen Stammesgesellschaften der Trockenzone dem, was Sozialanthropologen »segmentiert« nennen. Segmentierung ist ein generelles Kennzeichen der muslimischen Stämme in der zum Großteil trockenen Zone, die sich, grob gesprochen, vom Hindukusch zum Atlantik und zum Niger-Bogen erstreckt, obgleich sie sich auch anderswo und bei nichtmuslimischen Völkern findet. Wenn man eine Stammesgruppierung als segmentiert beschreibt, klassifiziert man sie damit nicht nur – man erklärt auch weitgehend ihre Organisation. Mehr vielleicht als die meisten klassifikatorischen Begriffe impliziert *Segmentierung* eine Theorie. Die Theorie ist einfach, elegant und, meiner Einschätzung nach, in großem Umfang korrekt.

Eine typische, in marxistischer Manier geübte Kritik der Theorie findet sich in ›Marxisme et Algérie‹ von R. Gallissot und G. Badia: »Der Ansatz mit Hilfe des Segmentierungsbegriffs... bleibt rein deskriptiv und läßt Gesellschaften dadurch im luftleeren Raum hängen, daß er die Analyse ihrer produktiven Tätigkeiten vernachlässigt.«[1]

Die Behauptung, daß die Darstellung bestimmter Stammesgesellschaften mit Hilfe des Segmentierungsbegriffs »rein deskriptiv« sei, gründet vermutlich in der Überzeugung, daß echtes Erklären *nur* in Begriffen der Produktionsweise möglich ist. Tatsächlich ist Segmentierung durchaus ein Erklärungsmodell, und zwar eines, das Antwort auf die Frage geben soll, wie in Abwesenheit einer Gesetz und Ordnung gewährleistenden Instanz die Ordnung aufrechterhalten wird. Dabei wird in der Tat vorausgesetzt, daß das Grundproblem *politischer* Natur ist, wobei politisch außerdem in einem Sinn gebraucht wird, der nicht unbedingt Ausbeutung einer »Klasse« durch eine andere einschließt. Das Problem besteht darin, wie bei der Nutzung des Weidelands, beim Handel usw. Kooperation erreicht werden kann ohne Rekurs auf eine oberste Staatsgewalt, die im allgemeinen weder nötig noch möglich ist. Bei der Analyse dieses Problems mit Hilfe des Segmentierungsbegriffs werden die Produktionsaktivitäten und ökonomischen Bedürfnisse der segmentierten Einheiten keineswegs ignoriert, sie werden im Gegenteil herausgestellt und besonders beleuchtet: Eine auf Herdenwanderung basierende Weidewirtschaft erfordert z. B. eine komplexe Regelung für die Benutzung der Weiden in den verschiedenen Jahreszeiten; ökologische Differenzierung setzt Handel und Märkte voraus. Es muß mithin Organisation geben – Vereinbarungen über komplexe Einrichtungen und deren Verwirklichung und Durchsetzung, wie auch den Schutz des Handels, aber

---

[1] Paris 1976, S. 238.

ohne Zentralisierung, ohne Staatsmacht und Zentralgewalt. Das genau ist es, was der Segmentierungsbegriff zu theoretisieren erlaubt.

Der ganzen Vorstellung, daß ein systematischer Begriff von politischer Organisation nicht explikativ, sondern nur deskriptiv sein könne, liegt nicht nur die Annahme von einer Art ökonomischem Determinismus, sondern auch die logisch gravierendere und noch weitaus strittigere Voraussetzung zugrunde, daß die Bereiche des Ökonomischen und des Politischen sich im Normalfall voneinander trennen lassen. (Die genau gegenteilige Ansicht ist, daß diese Trennbarkeit der beiden Sphären das auszeichnende Charakteristikum einer bestimmten Art von Gesellschaft ist. Anders gesagt, ist die Trennbarkeit der beiden Sphären ein spezifisches und nicht ein generisches Merkmal.) In segmentierten Gesellschaften ohne Oberhaupt oder praktisch ohne Oberhaupt, läßt sich das, was man besitzt, von dem, was man zu verteidigen imstande ist, effektiv kaum unterscheiden. Die Gruppe der Produzierenden stimmt weitgehend mit der Gruppe derer, die das Eigentum verteidigen, überein. Der Produzent ist sein eigener Nachtwächter und überläßt diese Funktion nicht einem Nachtwächterstaat. Die »eingebetteten« Einheiten, die Träger von Eigentumsrechten sind, die ihrerseits »eingebettet« sind und spezifische individuelle Familienrechte innerhalb ihres Rahmens keineswegs ausschließen, sind auch die für die Aufrechterhaltung der Ordnung und Vollstreckung zuständigen Instanzen. (Die einzelne Familie besitzt Land, darf es aber nicht ohne die Zustimmung der anderen Gruppenmitglieder an jemanden außerhalb der segmentierten Gruppe veräußern, und das gleiche gilt auch für die Verheiratung von Frauen.) Natürlich kommt es vor, daß Eigentumsrechte umstritten sind; aber die Rechtsprozeduren, die der Beilegung solcher Streitfälle dienen, sind von den Prozeduren und Ritualen, die die allgemeinen diplomatischen Beziehungen zwischen den Gruppen regeln, praktisch nicht unterscheidbar.

Die Ansicht, daß der Segmentierungsbegriff ein rein deskriptiver Begriff sei, rührt wohl auch von dem Umstand her, daß er der Selbstreflexion der Eingeborenen entstammt. Aber dieser Umstand kann als solcher die Erklärungsfunktion des Begriffs weder bestätigen noch widerlegen: Falsches Bewußtsein ist kein universaler menschlicher Zustand, nur ein sehr verbreiteter. Nicht alle lokalen Überzeugungen sind falsch. Die Kritik »Segmentierung« sei kein explikativer Begriff, muß von der Ansicht unterschieden werden, der Begriff sei zwar explikativ, aber falsch.

Was sind die charakteristischen Eigenschaften segmentierter Gesellschaften, und wie werden sie von der stillschweigend vorausgesetzten bzw. offen dargelegten Theorie erklärt? Vielleicht ist es das beste, mit den Worten jenes Mannes zu reden, der, vor allen anderen, für die Ausarbeitung der Segmentierungstheorie verantwortlich zeichnet, nämlich mit den Worten Evans-Pritchards: »Jede Unterabteilung eines Stammes, von der kleinsten bis zur größten, hat ihren Scheich oder ihre Scheichs. Das Stammessystem, überall typisch für segmentierte Strukturen, ist ein System des ausgewogenen Oppositionsverhältnisses zwischen Stämmen und Stammesabteilungen von der größten bis zur kleinsten Einheit. Daher kann es nicht nur eine einzige Machtinstanz innerhalb des Stammes geben. Macht ist an allen Punkten der Stammesstruktur verteilt, und politische Führerschaft ist auf Situationen beschränkt, in denen ein Stamm oder Stammessegment vereint handelt. Bei einem Stamm geschieht dies nur im Krieg oder im Verkehr mit einer äußeren Macht ... Wenn das grundlegende Prinzip der Stammesstruktur in der Opposition von Stammessegmenten besteht, ist es offensichtlich unmöglich, daß einem einzelnen Scheich des Stammes unbedingte Macht verliehen ist. In solchen segmentierten Systemen gibt es keinen Staat und keine Regierung, so wie wir diese Institutionen verstehen.«[1]

[1] The Sanusi of Cyrenaica. Oxford 1949.

In segmentierten Gesellschaften ist die Macht – wie auch andere Vorteile – ziemlich gleichmäßig verteilt. Im allgemeinen trägt die gesamte männliche Bevölkerung, oder jedenfalls ein großer Teil von ihr, Waffen und ist von Rechts wegen an der Aufgabe, die Ordnung aufrechtzuerhalten und die Gruppe zu verteidigen, beteiligt. Die *Blutrache* ist eine bezeichnende Einrichtung: Sie bedeutet, daß der ganze Sippenverband mitverantwortlich für das Betragen jedes einzelnen Mitglieds ist und in seiner Gesamtheit der Gefahr von Vergeltungsmaßnahmen ausgesetzt oder, als Alternative zur Blutrache, zur Zahlung von Blutgeld verpflichtet ist, wenn irgendeiner aus der Gruppe sich gegenüber dem Angehörigen einer anderen Gruppe einer Aggression schuldig macht. Und entsprechend ist er auch in seiner Gesamtheit moralisch verpflichtet, Angriffe gegen irgendeines seiner Mitglieder zu rächen, und bereit, von Bußzahlungen zu profitieren. Es sind diese Gefahr und diese Verpflichtung, die den Zusammenhalt begründen, der nach Ibn Khalduns Einschätzung solchen Gruppen die Eignung zum Herrscheramt verlieh und der sie befähigte, unter günstigen Umständen die königliche Macht zu erringen.

Die für den Feudalismus so typische Trennung von Kriegern und Bauern ist solch einer Gesellschaft fremd. Die Entdeckung und Erforschung der muslimischen Stammesgesellschaft durch Europa fand in der Hauptsache nach der Französischen Revolution statt und wurde – lange vor T. E. Lawrence – häufig von Männern betrieben, die von einem nostalgischen Gefühl für das Europa vor der Ausbreitung der Gleichheitsidee erfüllt waren. General Daumas, Konsul bei Amir Abd el Kader, oder Charles Henry Churchill, sein englischer Biograph, gehörten zu den ersten, die von der arabischen Gesellschaft ein Valentino-Bild entwarfen. Sie waren auf der Suche, nicht nach dem edlen Wilden, sondern nach dem wilden Edlen. Aber mochte er nun die Züge, nach denen es sie verlangte, aufweisen oder nicht, er war jedenfalls kein

Adliger im strengen feudalen Sinn, d.h. im Sinne der Zugehörigkeit zu einer sich rechtlich absondernden und eifersüchtig isolierenden Kriegerschicht. Eher war er der Große oder einer von den Großen im Stamm, seinen Stammesgenossen sowohl verwandtschaftlich als auch statusmäßig verbunden und auf ihre militärische Unterstützung nicht weniger, oder sogar mehr, als auf ihr Mehrprodukt angewiesen[1]. Aber auf die Romantiker, die einen kriegerischen Adel suchten, weil es sie danach verlangte, folgen und berufen sich jetzt, hundert Jahre später, Linke, die dasselbe suchen, um es zu kritisieren bzw. weil ihre Theorie seine Existenz erfordert. *Die Feudalen* ist jetzt ein politisches Schimpfwort.

[1] Gelegentlich nahmen andere für sich in Anspruch, den edlen Wilden unter den Berbern ausfindig gemacht zu haben. Tocqueville, Œuvres complètes, Bd. 3, S. 131, bemerkte: »Hätte Rousseau die Kabylen gekannt ... so hätte er seine Modelle im Atlas gesucht.« Tocqueville notierte, daß die Araber weniger egalitär seien und etwas ähnliches wie eine Militäraristokratie hätten. Er sah freilich auch, daß ein erblicher religiöser Adel wichtiger und charakteristischer für diese Welt war. Man mag etwa zwischen einem intensiven und einem extensiven Gebrauch von Verwandtschaft und Abstammung unterscheiden, wobei der intensive Gebrauch selektiv ist, indem Einzelpersonen für besondere Posten und Positionen ausgewählt werden, während die extensive Anwendung jeden einzelnen eher auf angemessene soziale Gruppen als auf besondere Positionen innerhalb ihrer verweist. Der intensive oder selektive Gebrauch kann offen und formalisiert (d.h. Primogenitur) oder informell sein (d.h. weitere interne Selektion durch die Gottheit in jeder Generation der definierten Verwandtschaftsgruppe). Letzteres ist eine Art Kompromiß mit dem extensiven Prinzip, das nominell aufrechterhalten, aber in seinen Konsequenzen umgangen wird. In diesem Sinn gebraucht der Islam die Abstammungslinien intensiv für eine Art der religiösen Elite (šurfa, sāda) und extensiv für die Organisation der gewöhnlichen ländlichen Gruppen. Dagegen gebrauchte der europäische Feudalismus sie intensiv für eine militärische Elite, aber nicht so sehr für ländliche Gruppen und überhaupt nicht für die religiöse Elite, die er auf bürokratischem Weg heranzog und der er das Recht auf eine anzuerkennende Nachkommenschaft verweigerte. Im Feudalismus hat nicht der Staat das Monopol auf die rechtmäßige Gewalt, sondern der Feudalherr. In der muslimischen ländlich-stammesgebundenen Gesellschaft ist sie überhaupt nicht monopolisiert. (Nur Paria-Minderheiten sind von ihr ausgeschlossen. Das Gewohnheitsrecht verbietet nicht die Gewaltanwendung privater Gruppen, es legt nur ihre Regeln fest und regelt das Verfahren ihrer privaten Beendigung.) Was daraus folgt, ist natürlich, daß man einen Adel nicht nach dem Recht, Waffen zu tragen und zu gebrauchen, definieren kann. Der Status eines Kriegers ist zu unspezifisch. Daraus folgt dann wohl, daß Adel nur religiöser Adel sein kann. Keine Zölibatsforderung – das Gegenteil ist eher der Fall – steht der Erblichkeit einer solchen Elite im Wege.

Natürlich ist eine segmentierte Gesellschaft normalerweise nicht perfekt symmetrisch und egalitär, so daß die Macht völlig gleichmäßig auf alle Segmente und auf alle Haushaltsvorstände innerhalb der Segmente verteilt wäre. Große Männer treten durchaus in Erscheinung und erklimmen solche Höhen, daß man ohne weiteres von Despotie reden kann. Die durch die Verhältnisse im südlichen Marokko zu Anfang dieses Jahrhunderts inspirierte Theorie von Robert Montagne, die ein Oszillieren zwischen Stammesrepubliken, die von Ältesten regiert werden, und zeitweiligem Despotismus behauptet, ist in manchen Fällen zweifellos anwendbar. Anderswo findet sich ein graduelleres Spektrum, das von der Herrschaft durch einen Rat gewählter Anführer über relativ kleine Große und wirklich mächtige Große bis zur gelegentlichen Unterwerfung unter ein Staatswesen reicht. Im Extremfall ist der Stamm eine Vorrichtung sowohl zur Abwehr des Zentralstaats als auch zur Vermeidung einer inneren Zentralisierung zum Ministaat; in anderen Fällen gestattet er sich eine partielle Zentralisierung »im eigenen Haus«, um auf diese Weise dem Staat besser widerstehen oder Nutzen aus seiner Rolle als Staatsagent ziehen zu können; ein und derselbe Anführer verfolgt vielleicht zu verschiedenen Zeiten die eine oder die andere Strategie oder wendet die eine an, um damit die andere zu ergänzen oder zu kaschieren. Bezeichnenderweise ist der Stamm sowohl eine Alternative zum Staat als auch sein Abbild, sowohl die Schranke für den Staat als auch der Keim zu einem neuen Staatswesen. Diese Umwandlungen und zweideutigen Bestimmungen gehören zur Essenz der soziopolitischen Geschichte der muslimischen Regionen. Nichtsdestoweniger sind Dezentralisierung, breite Machtverteilung, allgemeine Beteiligung an der Ausübung von Gewalt und von Ordnungsfunktionen, oppositionelles Verhältnis von Gruppen, die einander in Umfang und Tätigkeit ähneln und die gleichzeitig in unterschiedlichen Größenordnungen auftreten, Fehlen einer spezialisierten und mehr oder minder beständigen Klasse von Kriegführenden und Herrschenden allesamt Merkmale, die in dem mit »Segmentierung« bezeichneten Bild vorherrschen und zu ihm berechtigen.

Der Segmentierungsbegriff hat eine interessante Geschichte, die hinter Evans-Pritchards Arbeiten, in denen er seine besten Formulierungen fand, zurückreicht. Wenn man einmal von den Volksversionen der Theorie absieht, von denen es in eben den Gesellschaften, in denen Segmentierung eine Rolle spielt, wimmelt, war es Emile Durkheim, durch den der Begriff offiziell in die Gesellschaftstheorie Eingang fand. In der Tat war es zum Teil Material aus Nordafrika, durch das sich Durkheim inspirieren ließ, und Phillipe Lucas und Jean-Claude Vatin vertreten die These, daß das gleiche auch für Marx und Engels gilt, durch deren Gewährsmann M. M. Kovalevsky[1]. Von einer Position aus, der Evans-Pritchards Begriff von Segmentierung zugrunde liegt, ist Durkheims Fassung in einer wichtigen Hinsicht unvollständig. Sie ist im wesentlichen, wenn man so sagen darf, *lateral*: Durkheim hat einen ausgeprägten Sinn für die Ähnlichkeit *angrenzender* Gruppen wie auch für die Ähnlichkeit der Individuen einer Gruppe untereinander. Für ihn weist die segmentierte Gesellschaft einen auf Gleichartigkeit basierenden Zusammenhalt auf, dem als Gegenstück die »organische Solidarität«, d. h. ein Zusammenhalt gegenübersteht, der auf *Un*gleichartigkeit und gegenseitiger Komplementarität beruht. Aber was Durkheim bei den segmentierten Gesellschaften nicht hinlänglich würdigte, war das Moment von *vertikaler* Gleichartigkeit: Die Gruppen ähneln nicht bloß den ihnen gleichgeordneten benachbarten Gruppen, sondern auch den übergeordneten Gruppen, deren Teil sie sind, und den untergeordneten Gruppen, aus denen sie sich zusammensetzen. Der Klan ähnelt dem Stamm, dem er als Klan angehört. Er

[1] l'Algérie des anthropologues. Paris 1975.

ähnelt auch den Unterklassen und Familien *(lineages),* aus denen er selbst zusammengesetzt ist. Gruppen sind »eingebettet«: Aber auf den verschiedenen Größen- oder Einbindungsebenen ähneln sie einander in Funktion, Ethos, Terminologie und innerer Organisation.

Das ist ein außerordentlich wichtiger Punkt, ohne den tatsächlich der Begriff einer segmentierten Gesellschaftsorganisation seine Erklärungsfunktion gar nicht hätte. Die Theorie der Segmentierung erklärt, warum Gruppen zusammenhalten und zusammenarbeiten, obwohl sie ohne starke Führung und ohne ein institutionelles Zentrum sind; sie erklärt diesen Zusammenhalt mittels Rekurs auf die Bedrohung durch andere, ähnliche und rivalisierende Gruppen. Die einheitsstiftende Wirkung, die von äußerer Bedrohung ausgeht, findet sich natürlich in allen Gesellschaften; was segmentierte Gesellschaften von anderen unterscheidet, ist nicht bloß die Aktualität der Bedrohung, sondern auch dies, daß die Bedrohung im Vergleich viel stärker ist und, wenn nicht zum ausschließlichen, so jedenfalls zum hauptsächlichen und dominierenden Wirkfaktor wird. Segmentierte Gruppen sind intern in jeweils kleinere Segmente unterteilt (und diese wiederum in noch kleinere); aber inneren Zusammenhang (falls und soweit sie ihn haben) verleiht diesen Segmenten auf jeder einzelnen Ebene nur die Bedrohung, die sie von ähnlichen benachbarten Gruppen vergleichbarer Größe erfahren.

Dieses System kann nur funktionieren, wenn tatsächlich (latent zumindest) auf jeder der Ebenen, auf denen mit dem Auftreten von Konflikten zu rechnen ist, Gruppierungen vorhanden sind. Wenn es nur Gruppen auf *einer* bestimmten Ebene und in *einer* bestimmten Größenordnung gäbe, was könnte dann alles aus Konflikten mit Gegnern entstehen, die größer oder kleiner wären als die Gruppen auf jener bestimmten Ebene? Soll dieses System funktionieren, so braucht es Gruppierungen auf allen Ebenen, auf denen Konflikte auftreten können. Und genau das ist es auch, was wir in der Realität vorfinden. Die ineinander eingebetteten Gruppen folgen ziemlich dicht aufeinander. Der Sprung von einer Ebene zur nächsten ist nicht sehr groß. Eine Gruppe unterteilt sich in *n* Segmente – wobei *n* eine ziemlich niedrige Zahl ist, sehr selten zweistellig und tatsächlich selten mehr als sieben, normalerweise weniger. Das Dorf bildet eine Einheit, die zu einer gemeinschaftlichen Verteidigung der Äcker und Weiden imstande ist; zugleich ist das Dorf im Inneren in Gruppen unterteilt, die imstande sind, z.B. ihren Anteil am Wasser in den Bewässerungsgräben des Dorfs gegen die anderen zu verteidigen. Und das Dorf selbst ist auch wieder Teil eines größeren Segments, das gemeinsam Weidegebiete verteidigt, usw.

Die aktuelle Wirklichkeit gehorcht selten oder nie dem perfekten baumförmigen gesellschaftlichen Organisationsschema, das eine idealtypisch segmentierte Gesellschaft aufweisen müßte. Ungleichheit in Reichtum und Macht kommt unbestreitbar vor; und diese Ungleichheit wird natürlich besonders verschärft, wenn der große Mann im Stamm zugleich als Agent eines zudringlichen Staatswesens auftritt. Häufig überschneiden sich auch die sippenspezifischen und territorialen Kriterien für die Segmentierung, was das System weiter kompliziert. Ungeachtet all dieser und ähnlicher Einschränkungen funktioniert aber das Segmentierungssystem, manchmal sogar erstaunlich gut. Den hauptsächlichen und entscheidenden Beweis dafür bildet meines Erachtens die Tatsache, daß hochkomplexe Aufgaben, die sich auf ausgedehnte Territorien und große Menschenmassen erstrecken, wie z.B. die Verwirklichung einer komplizierten Ordnung für die saisonbedingte Nutzung der Weiden oder die Beschwichtigung bzw. gar Beilegung von Konflikten, durch solche Stammesgruppen bewältigt werden können, ohne daß die Folge davon oder auch die Voraussetzung dafür irgendeine Art von starker politischer Zentralisierung bzw. dauerhafter sozialer Schichtung oder irgendeine öffentliche und stabile Machthierarchie wäre.

Das, worum es uns hier geht, ist nicht so sehr die segmentierte Organisation als solche, sondern, ausgehend von ihrer Existenz und ihrer vormals oder nach wie vor allgemeinen Geltung, der religiöse Stil, den sie hervortreibt oder wenigstens begünstigt und der ihr seinerseits bei der Bewältigung ihrer Aufgaben hilft. Ohne die Vorteile politischer Zentralisierung funktioniert das System durch die Zusammenhalt stiftende Präsenz von Gewalt auf allen Ebenen: Nicht der Staat (der fehlt oder weit weg oder schwach ist), sondern die Gesellschaft mit all ihren Gruppierungen ist es, die das »Monopol auf gewaltsamen Rechtszwang« (Max Weber) hat. Die Androhung von Gewalt kann nur dann wirksam sein, wenn sie, ab und zu wenigstens, wahr gemacht wird. Genau das passiert bekanntlich auch: Fremde Beobachter sind gewöhnlich beeindruckt oder entsetzt von der Allgegenwart der Gewalt, deren Androhung oft, vielleicht allzu oft, wahr gemacht wird. Trotzdem löst sich das System nicht in völliges Chaos auf. Wie wird das erreicht?

Die charakteristische religiöse Institution des ländlichen, stammesgebundenen Islam ist der lebende Heilige (im Deutschen bekannt als Derwisch oder Marabut). Aber auch in diesem Fall ist eine Bezugnahme auf die europäische Tradition eher irreführend. Im Christentum ist Heiligkeit eine individuelle Leistung. Wie das Genie ist die Heiligkeit in ihrem Erscheinen unberechenbar. Der Begriff Charisma, der in der Soziologie und durch sie Verbreitung gefunden hat, vermittelt diese Vorstellung: Der Heilige ist im Besitz von Charisma, das eben die Art von Aura und Macht darstellt, die sich keinen Regeln fügt, deren Erscheinen unberechenbar ist und die im Gegensatz steht zu jeder Macht, die einer Einschränkung durch Präzedenzien und Satzungen unterliegt. Natürlich veralltäglicht sich das Charisma, aber dadurch trübt es sich und schwächt sich ab. Veralltäglichtes Charisma ist verstaubt und verliert seinen Glanz.

All diese Konnotationen muß man bei der Beschäftigung mit dem muslimischen Begriff von Heiligkeit vergessen. Natürlich kann ein voll entwickeltes, nicht veralltäglichtes Charisma auch im Islam vorkommen. Aber der typische Heilige ist veralltäglicht, was indes seine Heiligkeit in keiner Weise trübt: Daß Heiligkeit erblich ist und durch Abstammung, vornehmlich vom Propheten, erklärt wird, begründet das Charisma (und tut ihm *nicht* etwa Abbruch). Der Heilige ist, was er ist, auf Grund seiner Zugehörigkeit zu einer Heiligenfamilie. Selbstgeschaffene Heiligkeit *aus eigener Kraft* ist demgegenüber viel seltener; und wenn es ihr gelingt, sich durchzusetzen, tendiert diese Heiligkeit dazu, sich nachträglich ihre eigene Abstammungslinie zu konstruieren; d. h. tatsächlich verlangt und strebt sie nach Veralltäglichung. Wie in anderen Gesellschaften auch, ist die konstruierte Genealogie die Verbeugung des Talents vor dem Privileg.

All dies paßt vorzüglich in die als Kompromiß zwischen Staatsordnung und Anarchie erscheinende segmentierte Stammesgesellschaft. An ihren vielen Bruchstellen hat diese Gesellschaft einen großen Bedarf an Schlichtern und Mittlern, und diese können nur dann erfolgreich ihres Amtes walten, wenn sie zwar in der Gesellschaft, aber kein Teil von ihr sind. Heiligenstatus und, was sehr häufig dazu kommt, bindende Friedenspflicht geben den Mittlern gleichermaßen Bestand und Autorität, indem sie ihnen eine Stellung außerhalb des Netzes von Bündnissen und Fehden verschaffen; und die Erblichkeit ihrer Stellung verleiht ihnen dieselbe Kontinuität und Stabilität, wie die segmentierten Gruppen sie aufweisen. Zu den Aufgaben, die diese Heiligen wahrnehmen, gehört:

Beaufsichtigung der politischen Vorgänge in segmentierten Gruppen, z. B. der Auswahl oder Wahl von Anführern.

Beaufsichtigung und Bestätigung der Rechtsverfahren in den Gruppen, insbesondere durch kollektive Eidesleistung.

Förderung ökonomischer Beziehungen durch Garantieerklärungen für Karawanen und Besuche zwischen den Märkten benachbarter Stämme; Handels- und Pilgerrouten können übereinstimmen.

Gewährleistung räumlicher Grenzmarkierungen: Die Niederlassung liegt gegebenenfalls im Grenzgebiet zwischen zwei profanen Gruppen.

Gewährleistung zeitlicher Markierungen: In einer Hirtennomadengesellschaft sind u. U. viele Weiderechte saisongebunden und brauchen eine rituelle Bestätigung. Was könnte diesen Zweck besser erfüllen als ein Heiligenfest?

Bereitstellung der Mittel für die islamische Ausrichtung der Stammesangehörigen. Die Stammesangehörigen sind keine Schriftgelehrten. Grob gesprochen, sie sind ungebildet. Für die gelehrsame Frömmigkeit der schriftgläubigen städtischen Religiosität fehlen ihnen Geschmack und Ausrüstung gleichermaßen. Die Zusammenkünfte, die die Höhepunkte des landwirtschaftlichen, hirtennomadischen und stammesgebundenen Lebens markieren, müssen notwendig *besondere Anlässe* sein, die mit einer Erweiterung des Bewußtseins, wo nicht gar einem ekstatischen Zustand einhergehen; sie sind keine Volkshochschulkurse in Theologie, veranstaltet von einem stammesmäßigen Arbeiterbildungsverein.

All diese Umstände laufen, wie klar erkennbar, auf eines hinaus: Der Glaube der Stammesangehörigen muß durch einen besonderen, seiner Heiligkeit wegen ausgezeichneten Personenkreis vermittelt und kann nicht eigentlich egalitär sein; er muß fröhlich und für Festlichkeiten geeignet sein, nicht puritanisch und gelehrsam; er erfordert hierarchische Ordnung und Inkarnation in Personen, nicht Verkörperung in der Schrift. Seine Ethik besteht in Loyalität, nicht in Gesetzestreue[1].

---

[1] Zur Erforschung solcher Erscheinungen in andern Gebieten als der »klassischen« Region Ibn Khalduns siehe F. Barth, Political leadership among Swat Pathans. London 1959; A. Bujra, The politics of stratification. Oxford 1971; Ioan Lewis, Pastoral democracy. London 1961; Akbar Ahmed, Millenium and charis-

Die Situation in der Stadt ist ganz anders. Für Mittler und Schlichter gibt es keinen Bedarf; denn hier übernimmt der Herrscher die Verantwortung dafür, daß Gerechtigkeit waltet, und setzt schriftkundige Richter ein. Keine stabilen korporierten Gruppen stehen einander gegenüber, die für ihre Selbstbehauptung und die Behauptung ihrer Grenzen Mittler und Rituale nötig hätten. Die Existenz derartiger Gruppen wird nicht geduldet. Die gutsituierte städtische Bourgeoisie, weit entfernt davon, an Volksfesten Geschmack zu finden, hat mehr Sinn für die nüchternen Freuden gelehrsamer Frömmigkeit, die sich mit ihrer Würde und ihrem geschäftlichen Ruf besser vereinbaren lassen. Der anspruchsvolle Charakter dieser Frömmigkeit unterstreicht die gesellschaftliche Stellung ihrer Vertreter, indem er sie sowohl von der Landbevölkerung als auch von der städtischen Plebs abhebt. Kurz, das Stadtleben bietet eine solide Grundlage für einen schriftgläubigen unitarischen Puritanismus. Der Islam kommt einer solchen Geisteshaltung vielleicht mehr entgegen als andere Religionen. Auf diese Weise liefert uns die politische Mikrosoziologie der Welt Ibn Khalduns die gesellschaftlichen Grundlagen für die polare Oszillationstheorie der Religion, wie sie sich bei Hume findet.

Ein Glaube, bei dem die Theologie sich von der Jurisprudenz kaum unterscheiden läßt und bei dem das Corpus der wesentlichen Gesetze sakrosankt ist, zieht eben dadurch eine Art automatische Gewaltenteilung nach sich. Die Legislative ist von der Exekutive aus dem einfa-

ma among the Pathans. London 1976; Shelagh Weir, Social structure and political organisation in al-Nadhir, Yemen Arab Republic. N. Levtzion, Muslims and chiefs in West Africa. Oxford 1968; Emanuel Marx, Bedouin of the Negev. Manchester 1967; G. R. Garthwaite, Khans and shahs. A documentary analysis of the Bakhtiari in Iran. Cambridge 1983; B. W. Andrzejewski, The veneration of Sufi saints and its impact on the oral literature of the Somali people and on their literature in Arabic. In: African Language Studies 15 (1974); Dominique Chevallier, La Société du Mont Liban. Paris 1971; Samir Khalaf, Persistence and change in 19th century Lebanon. Beirut 1979. Zur Einschätzung des Restbestands eines segmentären Systems, der auf der Ebene des Dorfs nach dem Absterben der größeren Einheiten weiterbesteht, siehe P. Stirling, Turkish village. London 1965.

chen Grund getrennt, weil Gesetzgebung im Prinzip etwas Fertiges und theoretisch etwas Abgeschlossenes und allein Gottes Sache ist. Das verleiht auch der Rechtspflege ein gewisses Maß an Selbständigkeit: Mögen die Richter auch vom Herrscher eingesetzt sein, sie sprechen ein Recht, das das des Herrschers nicht sein kann. Denn wenn Gott die Gesetze gibt, dann nicht der Sultan. Das gesamte Gesetzescorpus und nicht bloß das Grundgesetz (das es nicht gibt) steht über dem Herrscher. Daß nur die Schriftkundigen Zugang zum Gesetz haben, verleiht der gebildeten Schreiberklasse in der Gesellschaft automatisch eine gewisse Autorität. Diese Klasse hat Zugang zu einem System von Normen, das der Herrscher, im Prinzip jedenfalls, nicht beliebig beeinflussen kann. Der Theorie nach geben die Richter keine Gesetze, in der Praxis aber kann ein Konsens in der Interpretation von Gesetzen zu einer Erweiterung des Gesetzescorpus führen.

Wenn auch die schriftkundige Klasse, physisch gesehen, dem Herrscher schutzlos ausgeliefert ist – sie steckt ja in der Klemme zwischen ihm und der Bedrohung durch die Aggressivität der Stämme, braucht seinen Schutz und ist kaum geneigt, ihm Trotz zu bieten –, verleiht doch ihre Verfügung über die Formen und Inhalte, die Legitimität begründen, d. h. ihre Verfügung über das göttliche Gesetz, ihr selbst und der städtischen Schicht, aus der ihre Mitglieder sich rekrutieren, eine einigermaßen starke Position[1]. Die gesellschaftlichen Normen und Ideale sind in ihrer Obhut und dem Zugriff des Herrschers entzogen. Jedem, der lesen kann, sind sie in einer endgültigen und definitiven Form verfügbar. Die Norm

---

[1] Siehe Nikki Keddie (Hrsg.), Scholars, saints and Sufis. California UP 1972; I. Lapidus, Muslim Cities in the later Middle Ages. Harvard UP 1967; A.M. Hourani u. S.M. Stern (Hrsg.), The Islamic city. Oxford 1970; C.A.O. van Niewenhuijze, Social stratification and the Middle East. Leiden 1965; A. Zghal u. F. Stambouli, Urban life in pre-colonial North-Africa. In: British Journal of Sociology 27 (1976), S. 1–20; R.I. Lawless u. G.H. Blake, Tlemcen. London 1976.

ist volksgruppenübergreifend und außergesellschaftlich und nicht sonderlich anfällig gegen politische Manipulation. Das ist außerordentlich wichtig.

Der Schiismus weist noch eine besondere Nuance auf. Durch den ums Märtyrertum (Husseins) zentrierten Gründungsmythos der Schia, den die herausragenden und regelmäßigen Passionsspiele nachdrücklich im Bewußtsein verankern, sind dort die Gelehrten nicht einfach Rechtsgelehrte, sondern auch und vor allem Fachleute für Biographie des Märtyrers und Gründers. Der Umstand aber, daß dieser das Opfer eines wenigstens dem äußeren Schein nach muslimischen Herrschers wurde, macht es für die religiösen Anführer noch leichter, der politischen Macht die Legitimation zu entziehen und den Widerstand gegen sie zu mobilisieren, und das in einer Weise, die den Neid jeder bewußt revolutionären Ideologie erregen muß. Das Verbrechen, dem das für das Christentum grundlegende Martyrium sich verdankt, wurde von Nicht-Christen verübt und war deshalb auch nur brauchbar, um die Verfolgung einer politisch ohnehin rechtlosen Minderheit zu rechtfertigen. Schuld an dem schiitischen Martyrium waren muslimische Herrscher, und seine Symbolkraft läßt sich verwenden, um muslimischen Herrschern das Recht zu entziehen, und nicht bloß einer machtlosen Minderheit. Das Martyrium wurde grausam gerächt, und Rache ist auch gefordert, wenn das politisch-religiöse Drama erneut aufgeführt wird[1]. (Das Christentum, das eine nicht gerade friedfertige Zivilisation hervorgebracht hat, wäre wahrscheinlich hinsichtlich seiner eigenen Streitbarkeit weniger ambivalent, hätte der heilige Petrus nach einiger Zeit eine Truppe um sich ver-

[1] In Indien sind oder waren das Märtyrertum und das Passionsspiel oder seine rituelle Inszenierung nicht auf die Schiiten beschränkt, sondern verbreiteten sich ganz allgemein auch unter sunnitischen Muslimen. Erst kürzlich sind sie durch reformistische Bestrebungen wieder zum unterscheidenden Sektenmerkmal geworden. Siehe Marc Gaboriau, Minorités musulmanes dans le royaume hindou du Népal. Nanterre 1977.

sammelt, die die Kreuzigung Christi an Pontius Pilatus und allen Mitschuldigen furchtbar gerächt hätte, und hätte *auch dieses* Ereignisses zu Ostern gedacht.) Anders als die Romanoffs wurden die Pahlevis gestürzt, ohne vorher einen Krieg verloren zu haben, während ihre Militärmacht noch intakt war und sie selber über enorme finanzielle Hilfsmittel verfügten. Das ist ein erstaunliches Phänomen, das eindrucksvoll von der Fähigkeit des Schiismus zu revolutionären Erhebungen zeugt. Die aufrührerischen Massen im Iran sahen im Schah Yazid den Mörder Husseins[1]. Ob die religiösen Gelehrten das Staatswesen, nachdem sie es umgewälzt haben, nun auch selber führen können (führen wenigstens in einer vormodernen Form und im Gegensatz zum bloßen Versehen von bestimmten schreib- und verwaltungstechnischen Aufgaben), ist eine andere Frage. Bezeichnenderweise kennt schon in der Vergangenheit der Iran zwei verschiedene Arten von ʿulamāʾ, von religiösen Gelehrten: einerseits die verwaltungspraktisch-bürokratischen und andererseits die populistisch-mystischen, wobei die ersteren Religion und Staat dienen, während die letzteren die religiösen Bedürfnisse der Massen befriedigen.

Der Gegensatz zwischen der Verehrung des Gesetzes und der Heiligenverehrung, der im sunnitischen Islam als oppositionelles Verhältnis zwischen Gelehrtem und Sufi in Erscheinung tritt, stellt sich im Islam der Schia als eine interne Differenz innerhalb der Gelehrtenklasse selbst dar. (Natürlich ist auch dies alles eher eine Frage des Akzents und des relativen Gewichts: Unter den Sufis gibt es Gelehrte und unter den Gelehrten Sufis.) Aber wenn man von dem Umstand ausgeht, daß ein Märtyrerkult im Zentrum des Glaubens jener Sekte steht, ist diese im Schiismus vorhandene Aufteilung des Corpus gelehrter Männer völlig logisch. Ohne Frage wird in unseren Tagen die Komplexität und technische Schwierigkeit der Aufgaben,

---

[1] Prof. M. Rouholamini und Dr. Ch. Bromberger, persönliche Mitteilung.

mit denen moderner Staat und moderne Wirtschaft sich konfrontiert finden, Auswirkungen auf die näheren Umstände haben, unter denen die zwei Gelehrten, die Schiiten mit dem Dr. phil. und die populistischen Mullahs, ihren Kampf um das Erbe der iranischen Revolution schließlich ausfechten.

Es ist interessant, daß im Iran die modernen Verhältnisse der städtischen *bāzāri*-Klasse immerhin behilflich waren, ohne wesentliche Unterstützung vom Land wirklich eine Revolution zu machen; es ist weniger wahrscheinlich, daß die modernen Verhältnisse ihnen auch dabei helfen werden, wirklich zu regieren. In der Vergangenheit, unter traditionelleren Bedingungen, waren die Gelehrten nicht immer die wahren Nutznießer der Erneuerungsbewegungen und reformistischen Revolutionen, die mit ihrer Hilfe in Gang gebracht wurden. In der Mahdi-Bewegung z.B. wurden sie allem Anschein nach durch Stammesangehörige ersetzt, sobald der Staat etabliert war, obwohl sie doch bei seiner von Opfermut und Überzeugungskraft getragenen Errichtung eine hervorragende Rolle gespielt hatten[1].

Die Verborgenheit des christlichen Gottes war, so meint man zu spüren, der staatsbürgerlichen Erziehung der Gläubigen förderlicher als die seines islamischen Pendants. Kennzeichnenderweise wurde im Christentum der Deus absconditus von Dissidentengruppen verehrt, unter denen die Schriftkultur verbreitet war: Jeder war, könnte man sagen, sein eigener *ʿālim*. Zusammen mit dem Mangel an Vorkehrungen für eine detaillierte gottgegebene Regelung des Soziallebens ermunterte also die Verborgenheit Gottes solche Gemeinschaften von Schriftkundigen dazu, für ihre eigene soziale Ordnung Sorge zu tragen und auf diese Weise selber mit ihr umgehen zu lernen, und zwar in einer nüchternen, gelehrten und egalitä-

[1] P.M. Holt, The Mahdist state in the Sudan, 1881–1898. Oxford 1970; H. Shaked (Hrsg.), Isma'il b.'Abd al-Qadir. The life of the Sudanese Mahdi. New Brunswick 1978.

ren Form. Die Religion ermöglichte also eine staatsbürgerlich-politische Erziehung. Der dieser Erziehung entspringende Lebensstil wirkte sich dann auch in der politischen Verfassung aus, wenn die Dissidenten Gelegenheit erhielten, eine solche neu zu bestimmen oder auf die bestehende Einfluß zu nehmen. Hält man den Schiismus dagegen, so schiebt zwar die Verborgenheit des muslimischen Gottes bis zur Wiederkehr des Verborgenen Imam den *'ulamā'* die Verantwortung zu; aber diese sind eine kleine elitäre Minderheit inmitten einer ungebildeten und zum Aufruhr neigenden Mehrheit, und das zwingt sie mit ziemlicher Sicherheit dazu, entweder dem Herrscher beim Regieren der übrigen zu helfen oder umgekehrt die Massen gegen den Herrscher aufzuwiegeln, und vermindert sehr die Wahrscheinlichkeit, daß sie sich einer demokratischen Selbstverwaltung zuwenden. Es kann allerdings zu einer Art Trennung von Staat und Kirche führen, indem es in Abwesenheit des Verborgenen Imam dem Herrscher die Möglichkeit nimmt, *religiöse* Legitimität zu beanspruchen. So stellt all dies einen weiteren Gegensatz zum Christentum dar, in dem gelehrte Puritaner häufig einer städtischen, egalitären, Selbstverwaltung übenden Minorität von Dissidenten angehörten und durch ihr religiöses Leben eine staatsbürgerliche Erziehung empfingen, die sie auf den liberalen Rechtsstaat vorbereitete. Ihre eigene Religion gewöhnte sie an Kommissionsarbeit. Die Geistlichen im Islam gehören zur religiösen Majorität und werden für den Staatsdienst gebraucht, statt sich um ihre eigene Verwaltung oder die von kleinen nichtkonformistischen Gemeinschaften kümmern zu können, abgesehen natürlich von Ausnahmefällen, wenn sie den Staat verurteilen. Aber wenn dann, was der noch seltenere Fall ist, ihre Verurteilung Erfolg hat und der Staat stürzt, haben sie keine neue und andersartige (liberal-demokratische) Regierungsform parat. Häufig dienen sie dem Staat; und manchmal führen sie das Volk an; aber Selbstverwaltungsgemeinschaften bilden sie nicht.

Natürlich hat auch der orthodoxe Islam seine dauerhaft dissidenten Subgemeinschaften: Aber die sind bezeichnenderweise segmentiert oder werden durch »Ordensgemeinschaften« gebildet, die eine Vermittlung mit Gott gewährleisten, ohne daß die Vermittlungsgebühr unbedingt in der striktesten Oberservanz der betreffenden Glaubenslehre bestehen müßte. Diese Orden bzw. die Heiligenfamilien, die religiöse Dienstleistungen für die Stämme erbringen (und beide können selbstverständlich in einzelnen oder einander überschneidenden Netzwerken zusammenhängen), sind notorisch *nicht*-egalitär und huldigen statt dessen einem Kult des Gehorsams und der Autoritätshörigkeit (weit über den Punkt hinaus, bis zu dem sie tatsächlich die Macht haben, ihm Geltung zu verschaffen). Ihre Mitglieder rekrutieren sich nicht aus nüchternen städtischen Gelehrtenkreisen. Daraus folgt natürlich, daß diese Art von Dissidentenreligion ebenfalls keine staatsbürgerliche Erziehung vermittelt. Die Stammesangehörigen erfahren zwar in ihren eigenen, häufig egalitären, profanen Gemeinschaften eine Erziehung dieser Art; aber die Religion ist für sie das hierarchische *Gegenstück* zu ihrer Gemeinschaft, statt mit ihr zusammenzuhängen oder ein Teil von ihr zu sein. Gehorsam gegen den Heiligen paßt nicht zu einem Stammesbrauch, der auf der Übereinkunft gleichgestellter Ältester basiert. Während der Stammesbrauch auf Konsens beruht, ist die Autorität des Heiligen (idealiter, wo nicht realiter) absolut und von einer höheren äußeren Macht sanktioniert.

Zerlegt man die Totalität dieser Gesellschaft in ihre vier Komponenten – Herrschende, keiner Regierung unterstehende Stammesangehörige, Stadtbewohner und der Regierung unterstehende, halb stammesgebundene Landbevölkerung –, so sieht man, daß die beiden ersteren Bestandteile politisch aktiv und die beiden letzteren politisch passiv sind. Es ist zutiefst bezeichnend, daß nichtmuslimische Enklaven in den beiden letztgenannten beiden Bevölkerungsgruppen häufig vorkommen, in den beiden erstgenannten hingegen fast völlig fehlen. Die Zugehörigkeit zum Islam ist Voraussetzung für aktive politische Betätigung. Die Nicht-Zugehörigkeit kann natürlich durchaus von Vorteil sein und die Nützlichkeit einer Gruppe erhöhen, insbesondere wenn es sich um städtische Spezialisten handelt: Ganz abgesehen von dem offenkundigen Vorteil, daß man sie einer besonderen Besteuerung unterwerfen kann, läßt ihre politische Ohnmacht eine solche Gruppe zu einem willkommenen Bundesgenossen für bestimmte Zwecke werden. Ein Geldgeber, der nicht nach politischer Macht streben kann, ist weniger gefährlich und findet deshalb mehr Anklang als einer, der dazu imstande ist. (Ein Stammesbund läßt sich manchmal auch mittels Geld und Waffenlieferungen aus der Stadt und nicht bloß durch Glaubenseifer schmieden – wie im südlichen Iran geschehen.) Was den Herrscher dazu bringt, für finanzielle und kommerzielle Transaktionen Minoritäten zu verwenden, ist deren politische Unschädlichkeit, nicht irgendeine theologische Spitzfindigkeit über die Zulässigkeit des Wuchers. Bei der Rekrutierung der Palastgarde spielen oft ähnliche Gesichtspunkte eine Rolle. Aber während das Ausgeschlossensein von der islamischen Glaubensgemeinschaft bzw. der Verzicht auf die Zugehörigkeit zu ihr diese speziellen Türen öffnen, versperren sie das Hauptor: die Aussicht, Herrscher oder Teil der herrschenden Gruppe zu werden, wenn aus der Überlagerung von religiösem Eifer und Stammesgeist eine neue Dynastie entspringt.

Was pflegte unter traditionellen Verhältnissen im Normalfall zu geschehen, wenn die Gelehrten in der Stadt die Überzeugung gewannen, daß der Herrscher, gemessen an der Norm, ernstlich zu wünschen übrig ließ? Gar nichts; denn die Gelehrten sind ohne Macht, unbewaffnet und an keinen festen Zusammenhalt gewöhnt. Was pflegte zu geschehen, wenn streitbare Stämme außerhalb der Stadtmauern einen Anschlag auf die Stadt planten? In den meisten Fällen genauso wenig, da diese Stammeswölfe sich gewöhnlich gegenseitig bekriegen und durch die endlosen Fehden, die sie untereinander austragen und die der Herrscher häufig noch anheizt, sich selber lahmlegen. Nach der Stadt gelüsten tut es sie allemal, aber ihre innere Zwietracht hindert sie daran, ihr Gelüst zu befriedigen.

Was aber pflegte zu passieren, wenn diese *beiden* Bedingungen gleichzeitig gegeben waren und wenn ein über Autorität verfügender Geistlicher dadurch, daß er mit einigem Anschein von Berechtigung die Gottlosigkeit und Zügellosigkeit des Herrschers geißelte, zugleich den Wölfen ein Banner, einen Kristallisationspunkt, ein einheitliches Führungsprinzip lieferte? Was, wenn er in die Wüste ging, um über die Verderbtheit der Welt nachzusinnen, und dort nicht nur Gott, sondern auch irgendwelche bewaffneten Stämme traf, die seiner Botschaft Gehör schenkten? Diese ewig drohende Möglichkeit überschattet die politische Ordnung und ist vielleicht die islamische Form von permanenter Revolution. So sagt also die reinere Form des Glaubens manchen (nämlich den oberen Schichten in der Stadt) immer zu und manchmal allen (nämlich in den Erneuerungsbewegungen, wenn sie zum Kristallisationspunkt für eine kurzlebige Vereinigung der die Bewegung tragenden Landbevölkerung wird).

Natürlich haben solche Verbindungen von nomokratischer Legitimität und Stammeszusammenhalt nicht immer Erfolg. Tatsächlich sind sie nicht einmal sehr oft erfolgreich. Hätten sie oft Erfolg, das Leben wäre noch unsicherer, als es ohnehin ist. Auch wenn die erforderlichen Elemente vorhanden sind, kommt es nicht so ohne weiteres zur Kristallisation. Wenn das Unternehmen, was oft passiert, scheitert, werden seine Initiatoren nachträglich als Schwindler betrachtet. (Eine legitime Reform scheitert niemals; denn wenn sie scheitert, war sie nicht legitim.) Ibn Khaldun war sich all dessen bewußt: »Revolutionäre aus dem Volk und den Kreisen der Rechtsgelehrten setzen sich für die Veränderung der verwerflichen

Praktiken ein. Viele derer, welche die religiösen Pflichten erfüllen und dem Pfad der Religion folgen, kommen zur Revolte gegen tyrannische Emire ... Die meisten von ihnen gehen auf diesem Weg zugrunde ... Herrscher und Dynastien sind fest gegründet. Ihr Fundament kann nur durch starke Forderungen, die den Gemeinschaftsgeist der Stämme hinter sich haben, aus den Angeln gerissen und zerstört werden ...«[1]

»Viele irregeführte Leute nahmen es auf sich, der Wahrheit zum Recht zu verhelfen. Sie wußten nicht, daß sie dafür des Gemeinschaftsgeistes bedürfen.«[2]

Zum Beispiel: »Zu Anfang dieses Jahrhunderts ging ein Mann, der als al-ʿAbbās bekannt war, aus den Gumāra hervor ... Die untersten unter den dummen und törichten Mitgliedern jener Stämme folgten seinem Geblöke ... Dann wurde er getötet, vierzig Tage nach dem Beginn seiner Propaganda ... Es gibt viele ähnlich gelagerte Fälle. Der Irrtum liegt immer darin, daß sie die Bedeutung des Gemeinschaftsgeistes zu wenig berücksichtigten.«[3]

Beides braucht es zum Erfolg: Wahrheit *und* Verankerung im Stammeszusammenhalt. Und selbst wenn man beides hat, ist der Erfolg natürlich nicht sicher. Friedrich Engels faßte gegen Ende seines Lebens dies alles sehr zutreffend in einem Artikel zusammen, der 1894/95 in ›Die Neue Zeit‹ erschien: »Einen eigentümlichen Gegensatz [zum Christentum] bilden die religiösen Aufstände der muhammedanischen Welt, namentlich in Afrika. Der Islam ist eine auf Orientalen, speziell Araber zugeschnittene Religion, also einerseits auf handel- und gewerbetreibende Städter, andrerseits auf nomadisierende Beduinen. Darin liegt aber der Keim einer periodisch wiederkehrenden Kollision. Die Städter werden reich, üppig, lax in Beobachtung des »Gesetzes«. Die Beduinen, arm und aus Armut sittenstreng, schauen mit Neid und Gier auf

[1] Ibn Khaldun, Muqaddimah I., S. 323 f.
[2] Ebd. I., S. 326.
[3] Ebd. I., S. 327.

diese Reichtümer und Genüsse. Dann tun sie sich zusammen unter einem Propheten, einem Mahdi, die Abgefallnen zu züchtigen, die Achtung vor dem Zeremonialgesetz und dem wahren Glauben wiederherzustellen und zum Lohn die Schätze der Abtrünnigen einzuheimsen. Nach hundert Jahren stehen sie natürlich genau da, wo jene Abtrünnigen standen; eine neue Glaubensreinigung ist nötig, ein neuer Mahdi steht auf, das Spiel geht von vorne los. So ist's geschehn von den Eroberungszügen der afrikanischen Almoraviden und Almohaden nach Spanien bis zum letzten Mahdi von Chartum ... So oder ähnlich verhielt es sich mit den Aufständen in Persien und andern muhammedanischen Ländern. Es sind alles religiös verkleidete Bewegungen, entspringend aus ökonomischen Ursachen; aber, auch wenn siegreich, lassen sie die alten ökonomischen Bedingungen unangerührt fortbestehen. Es bleibt also alles beim alten, und die Kollision wird periodisch. In den Volkserhebungen des christlichen Westens dagegen dient die religiöse Verkleidung nur als Fahne und Maske für Angriffe auf eine veraltende ökonomische Ordnung; diese wird schließlich gestürzt, eine neue kommt auf, die Welt kommt vorwärts.«[1]

Offenbar war Engels inzwischen auf Ibn Khalduns Gedanken gestoßen. Da eine Übersetzung vorlag, entband ihn das von der Notwendigkeit, eine semitische Sprache zu lernen, wogegen er, wie er Marx schrieb, eine Abneigung hatte. Wie man weiß, hatte Marx Kovalevsky, dessen Kapitel über Algerien einen bibliographischen Hinweis auf de Slanes Übersetzung von Ibn Khaldun enthielt, gelesen und mit Anmerkungen versehen.

Engels allgemeiner Abriß ist bewundernswert. Ganz und gar nicht überzeugend dagegen ist er in den Einzelheiten, wo er zu voreiligen Schlußfolgerungen neigt. Es

<hr>

[1] Karl Marx/Friedrich Engels, Werke, Bd. 22, S. 450.

ist unwahrscheinlich, daß die muslimischen Bürger prunksüchtig waren: Wer will sich schon einer Besteuerung oder Konfiszierung unterziehen? Die europäische Bourgeoisie war es, die sich ungestraft mit ihrem Reichtum groß tun konnte. Und die Stammesangehörigen, wenn sie auch vielleicht arm waren, huldigten normalerweise keiner besonderen Sittenstrenge bei sich zu Hause, was sie aber dennoch nicht daran hinderte, die Sündhaftigkeit und den Unglauben in den Städten anzuprangern, wenn es sie nach dem städtischen Reichtum gelüstete, wobei die angeprangerte Prunkentfaltung wahrscheinlich eher zu Lasten der Regierung als der Bourgeoisie ging.

Dieser Staat entsprang also mitnichten einem internen Klassenkonflikt, sei's innerhalb der erobernden, sei's innerhalb der unterworfenen Gesellschaft; und die Theorie, nach der ein solcher Konflikt zum Ursprung des Staats erklärt wird, läßt sich auch nicht durch die *Hilfshypothese* retten, es habe bei den Eroberern und bei den Unterworfenen, mindestens eine »embryonale« Form oder »Frühform« von Klassenverhältnissen gegeben. Die Eroberer wiesen lediglich in dem Sinn eine Schichtung auf, daß sie für die Dauer der Eroberung und Herrschaft ausnahmsweise eine feste Führung akzeptieren, die gewöhnlich nur durch Erfolg in dem Unternehmen zustande kam und nach dem Schneeballprinzip an Macht gewann. Die unterworfene städtische und seßhafte Bevölkerung kann zwar in der Tat geschichtet und ungleich sein, aber das ist dann nur ein Indiz dafür, daß es sich lohnt, sie zu unterwerfen, und nicht etwa eine Voraussetzung für die Gründung eines Erobererstaats, der, wenn überhaupt, so eher aus lateralen als aus horizontalen Auseinandersetzungen hervorgeht.

Es ist interessant zu sehen, wie Engels sich so spät noch zur These vom gesellschaftlich stagnierenden Orient bekennt – wobei dieser Orient die muslimische Welt nicht nur einschließt, sondern sogar durch sie paradigmatisch repräsentiert wird. Das läßt die Behauptung[1], Marx und Engels hätten nach 1881 das in Europa gängige Vorurteil von der Stagnation des Orients (und übrigens überhaupt den Begriff der Asiatischen Produktionsweise) überwunden, ziemlich zweifelhaft erscheinen. Jüngere Marxisten[2] neigen dazu, die Vorstellung von einer stabilen oder stagnierenden Gesellschaftsstruktur im Maghreb für eine kolonialistische Projektion zu erklären. Wenn sie das ist, hat jedenfalls Engels ihr allem Anschein nach entschieden angehangen.

Die stabilisierende, »fortschrittsfeindliche« Rolle der Religion, die Engels so beklagt, scheint mit den drei spezifischeren Aufgaben zusammenzuhängen, die sie in dieser Gesellschaft erfüllt und denen sie angepaßt ist: Sie stellt die einzige Charta staatsbürgerlicher Rechte dar, die den Bürgern verfügbar ist und die ihnen in einem gewissen Maß Schutz gegen Willkürherrschaft bietet; sie ist der einzige soziale Katalysator, der den Hirtennomadenstämmen eine hinlänglich umfassende Vereinigung ermöglicht, insofern nämlich das Potential von Lokalheiligtum und Lokalheiligem, Einheit zu stiften, nicht groß genug ist, um die für eine Staatsgründung erforderlichen Menschenmassen zu umspannen, und solche Menschenmengen sich nur vereinigen, wenn sie es im Namen von etwas anderem und besserem als ihrer alltäglichen Existenz und Frömmigkeit tun können; und schließlich leisten ihre Schriftgelehrten dem Staat, wenn er etabliert ist, schreibtechnische Dienste. Diese Aufgaben, die die Religion erfüllt, sind miteinander verschränkt: Die Dynastie, die ihr Dasein, ihre Macht und ihre Autorität dem Glauben schuldet, kann diesem nicht abschwören und ist anfällig gegen Kritik, die in seinem Namen geübt wird, und in der Tat nur gegen solche Kritik. Die Vertreter der Dynastie sind im Idiom des Glaubens zu Hause, denn in

---

[1] V. N. Nikiforov, Vostok i vsemirnaia ístoria (Der Osten und die Weltgeschichte). Moskau 1975.

[2] M. Blincow, Class formation and patron client ties in the Gharb Plain.

ihm besteht ihre ganze Erziehung. Andere mögliche Vertreter gibt es nicht. Die Untertanen der Dynastie können, wenn sie Unrecht gesühnt oder verhütet wissen wollen, nur an den Glauben appellieren. Indem sie so mit dem natürlichen Interesse aller Beteiligten verflochten sind, perpetuieren und befestigen sich System und Glauben gleichermaßen. Nur durch wirkliche oder scheinbare Versündigung wider den Glauben kann man jenes Bündnis zwischen Stadt und Stamm heraufbeschwören, das unter Umständen eine neue Dynastie an die Macht bringt.

Daraus unter anderem erklärt sich, warum der traditionelle muslimische Staat gleichzeitig und ohne sich zu widersprechen ein räuberischer Staat ist, der dem persönlichen Vorteil einer herrschenden Gruppe dient, und ein moralistischer Staat, der die Aufgabe hat, das Gute zu befördern und dem Übel zu wehren. Der Staat wird getragen von und identifiziert mit einer herrschenden Gruppe, aber er folgt auch einer inneren Berufung zur Verwirklichung einer genau festgelegten göttlichen Ordnung auf Erden.

Zur Zeit des Propheten bestand, wie es hieß, das halbe Recht aus Erbfolgeregelungen. In hirtennomadischen oder vom Hirtennomadismus beherrschten Gesellschaften, deren wesentliche Grundlage das Eigentumsrecht einerseits der Familie an der Herde und andererseits des Stammeskollektivs an den Weidegründen ist, ist die zentrale Frage zweifellos: *Wer erbt was?* Demgegenüber ist die Industriegesellschaft unvergleichlich vielschichtiger, und Ansprüche auf materielle Güter und Nutzungsrechte nehmen in ihr viel obliquere Formen an. Die Forderung aber, die Distribution von Nutzungsrechten in der Industriegesellschaft einer strengen moralistischen Regulierung zu unterwerfen, ist als Sozialismus bekannt. Hier mag der Grund dafür zu suchen sein, daß die dem Islam eigentümliche moralistische Tradition, der Anspruch des Islam auf kompromißlose und effektive Gerechtigkeit, in einem merkwürdigen wahlverwandtschaftlichen Verhältnis zum modernen Sozialradikalismus steht. Diese Tradition läßt sich nach wie vor mit der Existenz einer herrschenden Gruppe vereinbaren. Der Totalitarismus beider Ideologien schließt ein institutionalisiertes pluralistisches politisches Kräftespiel aus und sichert damit die Stellung der Herrschenden. So kommt es, daß ein »Islamischer Marxismus«, der Engels ohne Frage verblüfft hätte, nur dem Anschein nach ein Paradox ist.

Städtische Heilige

Aber die Städte bieten nicht nur eine Grundlage für den gelehrten, unitarischen und puritanischen Glauben der Bourgeoisie. Nicht alle, die in der Stadt leben, sind gutsituiert, nüchtern und zufrieden; nicht alle erwarten sich von der Religion eine Bestätigung ihrer eigenen angesehenen Stellung in der Welt und der besonnenen ordentlichen Lebensweise, die mit dieser Stellung einhergeht. Manche erhoffen sich im Gegenteil von der Religion ein Entrinnen aus unbefriedigenden oder gar unerträglichen Verhältnissen. Die Stadt hat ihre Armen; diese sind entwurzelt, ungesichert, entfremdet und fühlen sich wenig zu den abstrakteren und trockeneren theologischen Wissenszweigen hingezogen. Was sie in der Religion suchen, ist Tröstung oder Rettung; sie finden Geschmack an Ekstase, Erregung, Stimulation, dem Versinken in einem religiösen Zustand, der zugleich ein Zustand des Vergessens ist. Sie verlangen nach audio-visuellen Glaubenshilfen, egal ob in der Form von Musik, Tanz, Rausch, Trance oder Besessenheit. Mystische Zustände, die mit Hilfe von Pharmazeutika herbeigeführt oder auch ohne sie erreicht werden, sagen ihnen mehr zu als gelehrsame Präzision oder scholastische Unterscheidungen. So brauchen sie wie die Stammesangehörigen, wenn auch aus ganz anderen Gründen und in anderer Weise, eine in Ritual und Persönlichkeit verkörperte Religion. Für die Stammesgenossen ist das Fest in gut Durkheimscher Manier eine Darstellung und Verklärung ihrer sozialen Gruppe. Für das arme Volk in der Stadt ist es ein Ersatz für den *fehlenden* Gruppenzusammenhang[1].

Offiziell kennt der Islam keine »Kirche«. Die Gemeinschaft der Gläubigen ist, theoretisch jedenfalls, nicht in eine Laiengemeinde und eine Korporation der ganz besonders Strenggläubigen aufgespalten. In der Praxis allerdings enthält er eine große Zahl von Mini-Kirchen, die unterschiedlich als religiöse Orden oder als Bruderschaften gekennzeichnet werden und die um ihren jeweiligen Heiligen zentriert sind. Sie *verschmelzen* indes nicht zu einer übergreifenden Organisation, die dann Heiligkeit und wunderwirkende Kraft monopolisieren und auf den Begriff bringen könnte. Diese Orden verfügen über ein ziemlich standardisiertes Bezeichnungssystem für ihre konstituierenden Einheiten (Gemeinschaften) und für die hierarchische Gliederung ihrer Führungsspitze.

Diese Einheitlichkeit in der Nomenklatur ist indes ganz und gar irreführend. Tatsächlich ist die zugrunde liegende gesellschaftliche Wirklichkeit ganz verschiedenartig. Auf der einen Seite gibt es städtische Gemeinschaften, die regelrechte religiöse Klubs sind, mit Mitgliedern, die sich ihnen aus innerer Überzeugung und Begeisterung individuell anschließen; auf der anderen Seite gibt es stammesförmige heilige Niederlassungen, bei denen die Mitgliedschaft ausschließlich durch Geburt erworben wird. Die Zugehörigkeit zur Gruppe eines Laienstamms kann man einfach dadurch erwerben, daß man diese mit einem »Schamzwang« belegt, ihr »ein Opfer bringt« und sich damit ihrem Schutz unterstellt; hingegen ist es nicht so

---

[1] M. Gilsenan, Saint and Sufi in modern Egypt. Oxford 1973; V. Crapanzano, Die Ḥamadša. Stuttgart 1981.

leicht in eine Familie einzutreten, durch die ein Strom erblicher Heiligkeit fließt; und wenn man den Eintritt überhaupt schafft, dann nicht als Gleichberechtigter. Die Laienanhänger solch einer heiligen Niederlassung treten gemeinhin nicht als einzelne Konvertiten, sondern als Stammesverband auf.

Außerdem kann ein und dieselbe »Ordensgemeinschaft« oder »Bruderschaft« ganz verschiedenartige Gruppen umfassen, von denen im Extremfall die einen dem städtischen religiösen Klub oder Verein auf rein freiwilliger Basis und die anderen einem auf Sippenzugehörigkeit und Erblichkeit gegründeten Stammessegment nahekommen. Vielleicht ist diese Mannigfaltigkeit ihre Stärke. Die Führung, unter der diese verschiedenen, geographisch zerstreuten und organisatorisch in einem so weiten Spektrum sich entfaltenden Gruppen vereinigt sind, ist gewöhnlich erblich; aber zusammen mit den im buchstäblichen Sinn genetischen Abstammungslinien vom Vater auf den Sohn treten häufig auch spirituelle Abstammungslinien auf, durch die Lehrer und Schüler miteinander verknüpft werden. Im übrigen bleiben diese religiösen Bewegungen sich nicht immer gleich. Ihr Erfolg bzw. ihr Niedergang hat Auswirkungen auf ihre interne Struktur. Eine expandierende Bewegung mit einer städtischen Basis ist möglicherweise relativ »bürokratisch« – d. h. das zentrale Oberhaupt wird, wenn er für neue Zentren Beauftragte ernennt, eher begabte Schüler als die eigenen Söhne auswählen. Im Gegensatz dazu wird eine zum Stillstand gekommene, sozusagen veralltäglichte Bewegung mit größerer Wahrscheinlichkeit sich auf wohlerprobte Familienbande verlassen und vermutlich von dem Problem beherrscht sein, die Nachkommenschaft des amtierenden Oberhaupts oder der amtierenden Oberhäupter unterzubringen.

Ihren ursprünglichen Ausgangspunkt kann die Bewegung am einen wie am anderen Ende des Spektrums haben. Ein erfolgreicher Wunderheiler aus dem Stammesbereich kann städtische Anhänger gewinnen und daraufhin in der Stadt Klubs gründen; es kann aber auch ein einflußreicher städtischer Heiliger unter den Stämmen erfolgreich missionieren und Zentren bei ihnen einrichten, die schließlich zu Stammeseinheiten mit erblicher religiöser Berufung werden – sozusagen zu Militärpriestersegmenten.

Wer sich diesen Phänomenen nur mit Hilfe von Texten nähert, ist in Gefahr, in verschiedener Hinsicht irrezugehen. Wie gesagt, kann sich hinter einer einheitlichen Nomenklatur eine große Mannigfaltigkeit von Strukturformen verbergen. Insofern alle diese Bewegungen danach streben, ihre Entstehung auf Urheber mit hohem Prestige zurückzuführen, und insofern alle diese spirituellen Abstammungslinien am Ende in einigen großen Heiligen und Mystikern des Nahen und Mittleren Ostens zusammenzulaufen tendieren, befördert das die Neigung, alle Bewegungen zusammen als »sufische« Richtungen einzustufen. Dieses Verständnis, das sich auf die Ansicht stützt, die die Bewegungen selber von ihrem Ursprung haben, findet noch eine zusätzliche Rechtfertigung in dem Umstand, daß die nach Sorten unterscheidenden, diakritischen Wappenzeichen dieser Bewegungen meist spezielle, gegeneinander abgehobene spirituelle Praktiken und Techniken sind. Ohne Zweifel sind die ernst zu nehmenderen unter diesen Bewegungen tatsächlich mystische Schulen, die die Tradition raffinierter und komplizierter mystischer Techniken pflegen, deren spezifischer Ursprung vielleicht wirklich bestimmbar ist und deren Ausbreitung sich wie die einer geistigen Idee studieren läßt. Andere dieser Bewegungen sind mystische nur in dem allgemeinen Sinn, daß ihre Zusammenkünfte zu erhöhten Erregungszuständen führen – was mittels Praktiken erreicht wird, die als die landläufigen der lokalen Volkskultur entstammen.

Ein anderer Punkt, an dem der nur auf Texte sich stützende Wissenschaftler irregeführt werden kann, ist die

Frage des autoritären Charakters dieser Bewegungen. Auf der theoretischen Ebene kann es über ihren strikt autoritären Charakter gar keinen Zweifel geben. Die vielzitierte Feststellung über das Verhältnis zwischen Oberhaupt und Anhänger lautet: Der Schüler soll in den Händen seines Scheichs wie der Leichnam in den Händen der Totenwäscher sein. Aber wie anderswo dient auch hier die Theorie eher dazu, die Unvollkommenheit der Wirklichkeit zu kompensieren, als ein getreues Abbild der letzteren zu liefern. Diese Bewegungen sind unvermeidlich lockere Verbindungen, territorial unzusammenhängend und meistens ohne alle physischen Mittel, ihren Willen gegenüber ihren Untergliederungen durchzusetzen. Natürlich dankt das Oberhaupt einer untergeordneten Gemeinschaft seine Stellung und sein Prestige der Bestätigung durch das Oberhaupt der Zentralgemeinschaft, und insofern lassen sich in der Tat auch Maßnahmen ergreifen, um den ersteren dazu zu zwingen, dem Zentrum Respekt zu bezeigen und Abgaben zu entrichten; ohne die Bestätigung durch das prestigeerfüllte Zentrum könnten ihm wiederum seine eigenen Untergebenen möglicherweise Respekt und Gaben verweigern. Aber diese Maßnahmen haben keine unbedingte Wirksamkeit. Es gibt rivalisierende Bewegungen, die Anhänger werben, und wenn es gelingt, aus der Anhängerschaft einer anderen Bewegung welche zum Übertritt zu veranlassen, kann das Ausdruck eines besonderen Geschmacks oder Beweis für die überlegene Heiligkeit des betreffenden Oberhaupts sein. So halten in der Praxis die Pflichten, die Oberhäupter und Anhänger gegeneinander haben, und die Vorteile, die sie einander bieten, sich ziemlich die Waage und ermutigen die Oberhäupter nicht dazu, an ihre Anhänger übertriebene, schroffe oder provozierende Forderungen zu stellen.

Grundlegend für diese Bewegungen ist, daß sie als Verbindungen, die einer abgestuften Heiligenverehrung und mystischen Praxis dienen, zahlreiche und oft unterschiedliche Bedürfnisse nach persönlichem Führertum, verkörperter Heiligkeit und Persönlichkeitskult befriedigen, wie sie sowohl im Stammeszusammenhang als auch im städtischen Kontext entstehen. Aber auch das, wiewohl es die in der Sache grundlegende Wahrheit ist, bedarf einer gewissen Einschränkung. Innerhalb der enormen Masse derartiger Bewegungen stehen manche dem ekstatischen, nicht-schriftgläubigen Ende des Spektrums näher als andere. Andere hingegen stehen dem nüchternen, städtisch-unitarisch-puritanisch-schriftgläubigen Ende des Spektrums nahe; und diese sind es denn aber, die eine Art Kompromiß darstellen zwischen dem Egalitarismus des puritanischen Gelehrtenstils – d.h. der Idee, daß durch die Heilige Schrift alle Gläubigen den gleichen Zugang zum Heiligen haben – und dem Erfordernis eines Mindestmaßes an *Organisation*. Die orthodoxe Lösung dieses Problems, die sich mit locker organisierten Zünften von Gelehrten bzw. Rechtsgelehrten, mit Rechtsschulen, begnügt, reicht vielleicht nicht immer aus. Im Steppengürtel Westafrikas z.B. werden die Werte, die für das puritanische Ende des Spektrums kennzeichnend sind, von einigen der großen religiösen Orden vertreten, was wahrscheinlich seinen Grund darin hat, daß unter Missionsbedingungen ein Mindestmaß an zentralistischer Organisation gefordert war[1]. Um ein anderes Beispiel zu nennen, war die Arbeit des Sanusi-Ordens in der östlichen und zentralen Sahara ihrem Charakter nach missionarisch, und missionarisch im Sinne des »richtigen« gelehrten Islam – nichtsdestoweniger war Träger dieser

---

[1] Siehe John Paden, Religion and political culture in Kano. California 1973; C.C. Stewart u. E.K. Stewart, Islam and social order in Mauritania. Oxford 1973; Jamil Abun-Nasr, The Tijaniyya. Oxford 1965; B.G. Martin, Muslim brotherhoods in nineteenth-century Africa. Cambridge 1976; H.J. Fisher, Ahmadiyyah. London 1963; I.M. Lewis (Hrsg. mit Einleitung), Islam in tropical Africa. Oxford 1966; J.S. Trimingham, Islam in the Sudan. London 1949; M.G. Smith, Government in Zazzau. London 1960; Raymond Firth, Malay-fishermen. London 1946; Clive Kessler, Islam and politics in a Malay state. Kelantan 1938–1969. Ithaca, N.Y., London 1978.

Missionstätigkeit ein *Orden,* und nicht ein anti-sufischer, heiligenfeindlicher, vermittlungsfeindlicher Puritanismus. Andererseits sollte man nicht die palästinensische Geschichte von dem Frommen vergessen, der mit so viel Eifer gegen die Heiligenverehrung predigte, daß er ein Gegenstand der Verehrung und sein Grab nach seinem Tod prompt ein Heiligtum wurde.

Stammespuritaner

Gaben also auch in der Stadt die Gelehrten mit ihrem Glauben den Ton an, so war die städtische Wirklichkeit doch vielschichtiger. Dasselbe gilt auch für die Stammeswelt. In den Städten aber war die Vielschichtigkeit vornehmlich das Ergebnis sozialer Schichtung, das Ergebnis des Unterschieds in den religiösen Neigungen verschiedener städtischer Schichten. Es wäre indes auch übertrieben zu sagen, daß der Glaube der Gelehrten und der Glaube der Mystiker stets im Gegensatz zueinander stehen. Ohne Zweifel gibt es Zeiten, in denen der Gegensatz, den sie bilden, latent bleibt, und dann durchdringen sich die beiden Glaubensstile. Auch die Gelehrten haben dann ihre Scheichs, ihre geistlichen Mystiker, ihre Oberhäupter: »Wer keinen Scheich hat, hat den Teufel als Scheich«, pflegte man in Marokko zu sagen. Nichtsdestoweniger bleibt der latente Gegensatz bestehen, bereit, wieder wirksam zu werden[1]. Im achtzehnten Jahrhundert z.B. setzen ihn die Wahhabiten wieder in Kraft.

---

[1] Dasselbe gilt größtenteils auch für Ägypten bis spät ins neunzehnte Jahrhundert hinein, trotz (oder teilweise wegen) der Verfügbarkeit des wahhabitischen Gegenmodells. Siehe Gilbert Delanoue, Réflexions et questions sur la politique scolaire des vice-rois réformateurs (La politique de l'état réformateur en matière d'instruction publique et ses limites). L'Égypte au XIXᵉ siècle. Paris 1982.

Laßt Wahabs Horden, die sich unterfingen,
zu plündern des Propheten heil'ges Grab ...[1]

Es ist interessant festzustellen, daß die Wahhabiten ihre
Aufgabe praktisch in der gleichen Weise sahen wie die
modernen Reformer: »Als sich Mohammed ibn Saud ...
1744 entschloß, für die religiöse Erneuerung, wie sie
von ... Mohammed ibn Abd al-Wahhab gepredigt wurde, einzutreten ... war der orthodoxe Islam, besonders
unter den Beduinen des Nedschd, in eine Vielzahl aber-
gläubischer Praktiken entartet, in Baumkult und Anbetung von Steinen. Das Stammes- und Gewohnheitsrecht
war größtenteils vorherrschend unter der beduinischen
und seßhaften Bevölkerung ... und hatte den Einfluß und
Vorrang des islamischen Rechts ausgehöhlt.«[2]

Für die Hauptwoge des Neo-Puritanismus, die sich unter dem von Europa ausgehenden kolonialen Druck entwickeln sollte, waren die Wahhabiten ein bißchen zu
früh. Als es zu dem neo-puritanischen Aufbruch kam,
tendierten z.B. in Nordafrika diejenigen, die sich von
ihm faszinieren ließen, nichtsdestoweniger dazu, jeden
Zusammenhang mit den Wahhabiten, die sich inzwischen
einen schlechten Namen gemacht hatten, abzustreiten.
Der Zeitpunkt, zu dem man etwas tut, kann von großer
Bedeutung sein. Vor dem Schicksal des verfrühten Refor-
mers sei gewarnt.

Eine ausländische Aggression, so wäre anzufügen,
wirkt sich vermutlich je nach der Größenordnung, in der
sie sich entfaltet, verschieden aus. Die erste Welle iberi-
scher Angriffe gegen den nordafrikanischen Islam – ehe
die iberische Halbinsel ihre Energien der Neuen Welt
und dem Indischen Ozean zuwandte – führte angeblich
zu einem Aufruhr der Marabuts, zur sogenannten »Mara-
but-Krise«. (Die Belege dafür sind nicht völlig überzeu-

---

[1] Lord Byron, Childe Harold, Canto II, LXXVII. Deutsch: Childe Harolds
Pilgerfahrt. Leipzig um 1888, Zweiter Gesang, S. 53.
[2] John S. Habib, Ibn Sa'ud's warriors of Islam. Leiden 1978.

gend, aber die These findet weithin Anerkennung. Wie Magali Morsy gezeigt hat, spricht die geographische Verteilung der Heiligen nicht dafür, daß sie sich als Anführer eines als Grenzkrieg geführten Widerstandskampfs gegen die Ungläubigen erhoben.) Bereits der erste französische Angriff in den dreißiger Jahren des letzten Jahrhunderts trug zur Herausbildung eines wesentlich vom Marabutismus geprägten Staatswesens um Amir Abd el Kader bei[1]. Andererseits drängte der seiner Qualität nach ganz andere und unvergleichlich größere Druck, der von den industriegesellschaftlichen Verhältnissen ausging, den ägyptischen und nordafrikanischen Islam ebenso wie z. B. den Islam Südostasiens in die Richtung des schriftgläubigen Endes des Spektrums[2]. Der reine Schriftglaube findet sich dabei zwischen zwei Gegnern eingezwängt: zwischen den noch ungebildeten, lässigen Stammesangehörigen und den bis zum Skeptizismus überbildeten, modernen Städtern. Heutzutage gedeiht der Schriftglaube in dem Raum zwischen beiden, bei den teilweise urbanisierten Zuwanderern vom Land, die sich in der modernen Stadt noch nicht heimisch, sicher und aufgehoben fühlen[3] und die sich gleichermaßen von ihrer eigenen ländlichen Vergangenheit und von jenen sozial ihnen überlegenen Schichten distanzieren wollen, die zu weit gegangen sind und aus den modernen Verhältnissen zu beneidenswert viel gemacht haben.

Bei den Stämmen dagegen waren es normalerweise die mit erblicher Heiligkeit ausgestatteten Familien, die den

---

[1] M. Morsy, persönliche Mitteilung. Im Gegensatz dazu bewirkte die koloniale Aggression ein Jahrhundert später eine andere Reaktion in Abd el Krims Republik, obwohl seine Stammesbasis vergleichbar war. Siehe D. Hart, The Aith Wariaghar of the Moroccan Rif. Arizona 1976.

[2] Siehe Albert Hourani, Arabic thought in the liberal age, 1798–1939. Oxford 1962; Clifford Geertz, Islam observed. New Haven, Conn. 1968; Sylvia Haim, Arab nationalism. An anthology (besonders die Einleitung). California UP 1962; Nadav Safran, Egypt in search of political community. Harvard UP 1961; G. Baer (Hrsg.), Asian and African studies VII: The »Ulama« in modern history. Jerusalem 1970.

[3] J. N. D. Anderson, Islamic law in the modern world. London 1959.

Ton angaben; die Nuancen und Vielschichtigkeiten, die hier das Gesamtbild aufweist, sind aber nicht die Folge von Differenzen im religiösen Bedarf von Stammes-Scheichs auf der einen und einfachen Stammesgenossen auf der anderen Seite. Wie in anderer Hinsicht ist auch in dieser der Geschmack beider nicht wesentlich, wenn überhaupt, unterschieden. Hier kommt Vielschichtigkeit auf eine ganz andere Weise ins Bild. Bei den Stämmen ist das Differieren im religiösen Geschmack keine Frage von Klasse oder Status: Es ist eine Frage des Zeitpunkts und der politischen Umstände.

Im Stamm dient die Religion zu verschiedenen Zeiten und unter verschiedenen Umständen verschiedenen Zwecken. Vielleicht könnte man in Anlehnung an eine Idee in Thomas Kuhns Wissenschaftsphilosophie zwischen einer normalen Religion und einer Ausnahmereligion oder revolutionären Religion unterscheiden. Dabei ist die *normale* Religion die des Derwisch oder Marabut. Diese Religion entspricht in hohem Maß den Durkheimschen Anforderungen, indem sie mit der sozialen Gliederung von Zeit und Raum, mit der Einrichtung der Jahreszeiten und mit der Ausrichtung von Festen befaßt ist, die der Grenzziehung zwischen den Gruppen dienen. Das Heilige verleiht diesen Ereignissen Atmosphäre, Sichtbarkeit, Nachdruck und Autorität, und viel anderes wird von ihm auch nicht erwartet. Tatsächlich würde sein Versuch, *mehr* zu leisten, im Normalfall auch gar nicht toleriert werden.

Das Heilige aber, das diese Aufgabe wahrnimmt, ist gewöhnlich eine ziemlich armselige Spielart seines Genres. Das ist völlig in der Ordnung. Die Schutzherrschaft über ein Dorffest, die Garantie einer Grenze zwischen zwei unbedeutenden Stammessegmenten, das sind Aufgaben, die gut zu einem kleinen Heiligen passen, dessen Niederlassung im Rang, wenn überhaupt, so nur wenig über denen der Gemeindemitglieder steht, die seine Dienste in Anspruch nehmen. In dem Maß, wie diese kleinen Aufgaben sich vermehren, kommt es auch zu einer vergleichbaren Zunahme kleiner Heiligtümer mit dem dazugehörigen Kreis heiliger Personen. Diese heiligen Männer sind nicht nur zahlreich, sie stehen auch in einem ebenso heftigen wie unausweichlichen Wettstreit miteinander. Es kommt zu einer Art Segmentierung zweiten Grades: Stammesgruppen in verschiedenen Größenordnungen halten sich durch ihr Konkurrenzverhältnis gegenseitig in Schach, und in ähnlicher Weise halten sich wiederum ihre geistlichen Hirten durch gegenseitige Rivalität die Waage bzw. neutralisieren sich. Sie dürfen einander nicht bekämpfen (theoretisch jedenfalls), aber sie können darum wetteifern, wer die meiste Verehrung genießt, und tun das auch.

Daraus ergibt sich nun allerdings, daß sie denkbar schlecht für eine Situation gerüstet sind, in der ein ebenso übergreifendes wie mitreißendes Führertum erfordert ist. Dazu sind sie zu sehr zerspalten und liegen zu sehr miteinander im Wettstreit. Unter normalen Bedingungen gibt es für solch ein übergreifendes Führertum keinen Bedarf; für die Schlichtung der unbedeutenden lokalen Auseinandersetzungen, die Bewältigung von Problemen der Koordination von Weiderechten und ähnlichem genügt der kleine Heilige, und es herrscht also die normale Religion vor. Aber angenommen, da ist eine größere Aufgabe, die von einer ganzen, über Stammesgrenzen hinausreichenden Region eine konzertierte Aktion verlangt? Solche Fälle treten ein, wenn eine fremde Invasion das Land bedroht oder wenn der nominelle Oberherr durch den Zerfall seiner Macht und seiner religiösen Sitten die Gelegenheit dafür bietet und dazu ermächtigt, eine Drehung des politischen Glücksrads, eine Umwälzung im Kreislauf der Stammeseliten zu versuchen. Es sind diese Fälle, in denen eine entschieden andere und überlegene Art Führertum erforderlich ist und ihre Chance erhält.

So kommen wir also wieder zu der Frage, was passiert, wenn es gleichzeitig zu einem inneren Verlust des Herrschers an moralischer Autorität (worüber zu urteilen Sache der Rechtsgelehrten ist) und zur Formierung einer äußeren Opposition durch die Stammeswölfe kommt. Die Art und Weise, wie der fordernde puritanische Unitarismus *auch* in das Stammesleben eindringt, ist *identisch* mit der Art und Weise, wie Stämme unter bestimmten Umständen dazu gebracht werden, ein übergreifendes Führertum zu akzeptieren. Die Krise im Stammesleben, zu der es in außergewöhnlichen Fällen kommt, schafft Raum und Gelegenheit für jene »reinere« Form des Glaubens, die normalerweise eine unentfaltete Möglichkeit bleibt, mit Ehrfurcht betrachtet, aber nicht praktiziert.

Es ist ein eigentümlicher, aber entscheidender Faktor in der Sozialpsychologie muslimischer Stammesangehöriger, daß für sie ihre normale Religion *in gewisser Weise* eine bloße *Notlösung* ist, die mit einem Anflug von Ironie betrachtet wird und mit dem ambivalenten Bewußtsein, daß die wirklichen Normen anderswo liegen. Deshalb wird auch der Stammesheilige neben den anderen für seine Legitimation erforderlichen Merkmalen den Anspruch haben, von einem großen Gelehrten abzustammen – obwohl er selbst in diese Richtung keine sonderlichen Anstrengungen unternimmt. Unter normalen Bedingungen bleibt die Anerkennung, die er diesbezüglich findet, ambivalent, ironisch und folgenlos. Vielleicht wäre es gut, wenn der örtliche Marabut auch ein Gelehrter wäre, aber unter uns gesagt, was hängt schon daran? Die latente Norm mit all ihren Implikationen bleibt in der Tat latent. Aber bei alledem bildet die Norm einen Anhalt, eine *Handhabe*, einen Einstiegspunkt für die besonderen Anforderungen jener Ausnahmesituation, in der ein außergewöhnliches und hervorstechendes, allgemeineres und anspruchsvolleres Führertum, das ein größeres Ganzes aktiviert, möglich und nötig wird. Den Religionen des Gottes Abrahams liegt ein gemeinsamer Zug von unitarischem Ikonoklasmus zugrunde, für den vielleicht der Islam ganz besonders empfänglich ist und der auch noch den ungehobeltsten, unwissendsten, irrgläubigsten, schwelgerischsten und dionysischsten Marabut, wenn man ihn mit den Volksschamanen oder Priestern nicht-ikonoklastischer Religionen wie z. B. denen Südostasiens vergleicht, als heiklen Quäker erscheinen läßt.

Diese geheime Anerkennung einer reineren Norm bildet also die allgemeine Grundlage für jenen Ausnahmeprediger, den es braucht, wenn eine umfassendere Loyalität geschaffen und in Wirkung gesetzt werden soll. Sie hilft ihm, dem aus der Stadt Gekommenen, in einem Zuge die Lässigkeit und Abtrünnigkeit in der Metropole, die Unwissenheit der Stammesangehörigen und den Irrglauben der gewöhnlichen, armseligen, mediokren Diener der Religion anzuprangern. Die stillschweigende Anerkennung des strengeren, exklusiveren unitarischen Ideals gibt dem betreffenden Prediger etwas an die Hand, worauf er sich berufen kann, etwas, das in den Herzen seiner Zuhörer bereits vorhanden und bei günstiger Gelegenheit aktivierbar ist. Was ihn vor den normalen und unbedeutenden Gestalten, in denen das Heilige auftritt, auszeichnet und ihm erlaubt, jene für eine gewisse Zeit zu verdrängen, ist seine Gelehrsamkeit und sein Unitarismus. Natürlich gibt es viele, die sich in dieser Rolle versuchen. Die meisten scheitern. Aber ein paar haben tatsächlich Erfolg.

Kirche und Staat

Auf diese Weise läßt sich die Polaritäts- und Oszillationstheorie, wie sie sich in der Humeschen Religionssoziologie findet, mit der politischen Soziologie Ibn Khalduns zu einem nicht weniger adäquaten als komponierten Bild von der traditionellen muslimischen Gesellschaft vereinigen. Der Zwang zu einer personalisierten, organisierten,

126

hierarchischen, ekstatischen, nicht-puritanischen, nicht-schriftgläubigen Religion entspringt zum einen den Bedürfnissen einer Stammesgesellschaft und zum anderen den Bedürfnissen der benachteiligten Schichten in der Stadt. Die Stammesgesellschaft verlangt, daß das Wort Fleisch werde; sie braucht menschliche Mittler, Grenzposten zwischen den Stämmen, räumliche und zeitliche Markierungen, Zeremonienmeister; sie folgt eher einer Ethik der Loyalität als einer Gesetzesethik. Und die städtischen Armen andererseits brauchen die Tröstungen der Ekstase. Der Sufismus ist also das Opium für das Volk.

Aber die traditionelle muslimische Zivilisation ist eine städtische Zivilisation, in der die Städte ökonomisch und kulturell dominieren, *nicht* allerdings politisch. Das städtische Ethos findet seinen Ausdruck in Gelehrsamkeit, in nüchterner unitarischer Frömmigkeit, und zielt nicht sowohl auf eine Theokratie als vielmehr auf eine göttliche Nomokratie, um Montgomery Watts einprägsame Formulierung zu verwenden[1]. Es hat einen viel geringeren Bedarf an Opiaten. Die Verehrung eines über den Volksgruppen und außerhalb der Geschichte stehenden Gesetzes spielt für das Gleichgewicht der Kräfte in der Gesellschaft eine Rolle[2]: Sie gibt den Bürgern ein ideologisches Zwangsmittel gegen die Staatsmacht an die Hand, ein Mittel, das für die letztere zu einer ernsten Bedrohung werden kann, wenn es einem puritanischen Gelehrten gelingt, eine Anzahl Stammeswölfe zusammenzuschließen und zum Aufstand zu bringen. Sie hat demnach auch für

[1] W. Montgomery Watt, Islam and the integration of society. London 1961.
[2] L. Rosens Arbeit über die gegenwärtige Tätigkeit von Gerichten im modernen Marokko scheint nahezulegen, daß die unumschränkte Vollmacht des Kadis ihm de facto erlaubt, die lokale gesellschaftliche Realität und Geltung bei der Urteilsfindung in Betracht zu ziehen. Demgegenüber sind es gerade die juristisch ungeschulten lokalen Friedensrichter, die sich eine überstürzte und willkürliche Rechtsprechung leisten, die Webers abfällige Bemerkung über die Kadijustiz erklärt. Wenn es so ist, wäre das eine interessante Umkehrung der alten Vorstellung von der Beziehung zwischen heiligem Gesetz und lokaler Gewohnheit – das erstere galt für rigide, das letztere für geschmeidig und sozial einfühlsam.

die Stammeswelt eine Bedeutung: Sie bietet ihr eine Ausnahmereligion, die sich für spezielle und im Wortsinn
revolutionäre, nämlich das politische Glücksrad zu dre-
hen bestimmte Aufgaben eignet. So kommt es, daß Ibn
Khalduns berühmte stammesspezifische Version vom
ewigen Austausch der Eliten und David Humes erstaun-
licherweise vernachlässigte Theorie vom »Gezeitenwechsel« in der Religion Aspekte ein und desselben Vorgangs
sind.

Diese Zivilisation scheint eine Art Spiegelbild der traditionellen christlichen Welt zu sein. Im Islam ist es die
Haupttradition, die egalitär, schriftgläubig, ohne hierarchische Gliederung oder förmliche Führung oder Organisation, puritanisch und sittenstreng ist, wohingegen es
die in ihrer Rechtgläubigkeit zweifelhaften Randbewe-
gungen sind, die innerlich aufgespalten, ritualistisch,
hierarchisch gegliedert, ekstatisch und tief in die örtlichen
und politischen Verhältnisse verwickelt bzw. durch sie
kompromittiert sind. In Europa waren es die großen nationalen oder übernationalen Organisationen, die am
engsten mit der einen oder anderen Gesellschaftsordnung
verquickt waren, wohingegen die kleinen zersplitterten
Sekten am wenigsten involviert und in ihrer Sittenstrenge, theokratischen Orientierung und Weltverachtung am
striktesten waren. Kirchen waren entkörperlichte Staaten. *Die* Kirche war ein entkörperlichter Superstaat. Die
Kirchen monopolisierten, systematisierten und bürokra-
tisierten das Magische oder waren jedenfalls nach besten
Kräften bemüht, das zu tun. Gleichzeitig wurde das flache Land von starken Staaten im strengen Sinn befriedet,
so daß der Stadtbewohner von seiner Furcht vor Adel
oder Stämmen befreit wurde. Indem sie so die Magie-
Seite des religiösen Spektrums bereits durch eine internationale oder nationale Kirche mit Beschlag belegt fanden
und im großen und ganzen nur mit dem Zentralstaat sich
auseinanderzusetzen hatten, tendierten die bürgerlichen
Dissidenten dazu, einem auf Schriftgläubigkeit basieren-

den religiösen Stil den Vorzug zu geben und mit Mitteln dieses Stils – der ohnehin mehr nach ihrem Geschmack gewesen sein mag – dem Gegner ein Stück Macht und politische Sicherheit abzuringen. (Waren die Städte, wie in Italien, ohnehin unabhängig, war diese Tendenz vielleicht entsprechend schwächer ausgeprägt.) Im Islam verhält es sich umgekehrt. Diejenigen hierarchischen Verbindungen, die den christlichen Kirchen am meisten ähneln, sind hier keine Schattenstaaten, sondern nur entkörperlichte *Stämme*.[1]

Geistliche Dissidenten dieser Art neigen eher dazu, ländliche Stammesgruppierungen anzuführen, als sich an die Spitze städtischer Bemühungen um staatsbürgerlichen Widerstand gegen die Obrigkeit zu setzen. Städtische *Widerstandsbewegungen* hielten sich gewöhnlich an Gelehrte, wenn sie nach einer Legitimation und Führung suchten. Die Städte, die Wert darauf legten, sich von den Landbewohnern abzuheben, tendierten dazu, sich mit der Schrifttradition zu identifizieren, die in dieser Zivilisation eine zentrale Stellung innehat und im Normalfall nicht die Tradition der Dissidenten ist. In jedem Fall verspürten die Städte, die Angst davor hatten, von den Stämmen ausgeplündert zu werden, weniger Anreiz, einer Zentralgewalt, die ihr natürlicher Beschützer war, Trotz zu bieten. Ihr Schriftglaube war geeignet, einem gewissen Egalitarismus Vorschub zu leisten – wenigstens in dem Sinn, daß er eine Abneigung erzeugte, soziale Ungleichheit religiös zu sanktionieren, zu definieren, zu verstärken, zu verfestigen und zu vertiefen, wobei je nach Zeit und Ort in unterschiedlichem Maß zugunsten der angeblichen Nachkommenschaft des Propheten davon eine Ausnahme gemacht wurde. Der Schriftglaube führte auch in höchst bezeichnender Weise zu dem Versuch, die

[1] Diese Methode einer Schematisierung der Art und Weise, in der auf den beiden Seiten des Mittelmeeres dieselben Themen unterschiedlich entwickelt werden, ist in John Davis' geistreicher und eindrucksvoller Übersicht der mediterranen Anthropologie, Mediterranean people. London 1977, heftig kritisiert worden.

Staatsführung moralischen Kriterien zu unterwerfen, nicht hingegen zur Teilnahme an den Staatsgeschäften oder zum Anspruch auf eine öffentliche Überprüfbarkeit der Politik: Er gab sich vielmehr mit der Forderung zufrieden, der Herrscher solle moralische Normen gleichermaßen erfüllen und zur Geltung bringen. Der Staat war also dem Gesetz unterworfen, und das Gesetz hatte seine gelehrten Hüter, aber es gab keine dauerhaften institutionellen Vorkehrungen, um dem Gesetz gegen einen schlechten Herrscher Geltung zu verschaffen, geschweige denn, eine wirkliche oder symbolische allgemeine Beteiligung an eventuellen Strafmaßnahmen sicherzustellen. Einen Mechanismus für eine Anklage wegen Hochverrats gab es nicht. Für äußerste Strafmaßnahmen fand sich das System an das ebenso seltene wie außergewöhnliche Bündnis zwischen inspiriertem Gelehrten und auf Zusammenhalt gegründeten Stämmen verwiesen.

Dieser Strukturzusammenhang steht übrigens auch in schroffem Gegensatz zu jenem vormals beliebten Modell der östlichen Gesellschaft: dem »hydraulischen« Orientalischen Despotismus. Jenes Modell ging von der Existenz isolierter und auf sich gestellter agrarischer Gemeinschaften aus, die Handwerk und Ackerbau miteinander verbanden, allesamt ähnliche aber konkurrierende Interessen verfolgten und in träger Passivität einem durchzentralisierten, bürokratischen Staat unterworfen waren. In den ländlichen Regionen der traditionellen muslimischen Welt gab es in der Tat miteinander konkurrierende ländliche Gemeinschaften; aber diese waren nicht von träger Passivität, sondern frönten im Gegenteil der Gewalttätigkeit gegeneinander und übertrugen auch nicht Exekutivfunktionen und politische Aufgaben an einen Zentralstaat. Sie verbanden nicht handwerkliche Tätigkeit mit Ackerbau oder Weidewirtschaft, sondern widmeten sich ausschließlich dem vorherrschenden landwirtschaftlichen oder weidewirtschaftlichen Geschäft, das ihre Wertschätzung genoß, und überließen das Handwerk den von ihnen verachteten Handwerkern, ob diese nun in den Städten oder unter ihnen lebten. Den Zentralstaat gab es zwar, aber die Macht, die er über die Stämme hatte – soweit er sie hatte –, entsprang weder der Notwendigkeit, unentbehrliche Bewässerungsanlagen instandzuhalten, noch nackter Gewalt. Im allgemeinen gab es keine derartig wichtigen öffentlichen Arbeiten, und zur Anwendung ausreichender Gewalt war der Staat, wiewohl durchaus willig, gewöhnlich nicht stark genug. Die Macht, die der Zentralstaat hatte, war eher kulturell-religiöser Natur; er beschützte die Städte, und die Städte waren Zentren sowohl der heiligen Lehre als auch des Handels und der Gewerbe, ohne welche die Stämme offenbar nicht auskamen.

Ein schwacher Staat und eine starke Kultur – so scheint die Formel zu lauten[1]. Die Kultur war in der Obhut einer relativ zugänglichen, nicht-erblichen und deshalb nicht-exklusiven Klasse, die aber kein zentrales Büro, keine allgemeine Organisation, keine förmliche Hierarchie und keine besondere Vorrichtung für den Zusammentritt periodischer Ratsversammlungen kannte. Die Autorität

---

[1] Die Besonderheit des traditionellen muslimischen Staates hat inzwischen offizielle Anerkennung im internationalen Recht gefunden. Im Zusammenhang mit der Auseinandersetzung um die westliche Sahara bemerkt der Internationale Gerichtshof in Den Haag: »Nach Ansicht des Gerichtshofs erfordert kein Gesetz des internationalen Rechts, daß ein Staat eine bestimmte Struktur aufweisen müsse.« Und offensichtlich »ist der Gerichtshof bereit, die spezifischen Formen einer administrativen Organisation wie der des blād sibaʿ zu prüfen (Paragraph 96) und hinsichtlich der Formen der Staatstreue von Caids in der Sahara Fragen zu stellen«. Blād sibaʿ war der Teil Marokkos, der, grob gesagt, von der Zentralgewalt überhaupt nicht verwaltet wurde (und somit einen ziemlichen Grenzfall von »organisation administrative spécifique« darstellt), obwohl er zugleich eine Art von moralisch/religiöser Beziehung zu dieser Zentralgewalt aufrechterhielt. Caids waren theoretisch von der Regierung bestellte Beamte. In der Praxis bedeutete diese Bezeichnung in abgelegenen Regionen nichts weiter als die Bestätigung eines lokalen Machthabers oder bisweilen den möglicherweise fruchtlosen Versuch, einen solchen einzusetzen. Das obige Zitat und die Hervorhebung der Anerkennung der soziologischen »Besonderheit« traditioneller muslimischer politischer Organisation stammen aus: Maurice Flory, L'Avis de la Cour Internationale de Justice sur le Sahara Occidental (16 Octobre 1975). In: Annuaire Français de Droit International, Bd. 21, 1975.

dieser Klasse bleibt ein soziologisches Geheimnis, auch wenn sie sich zum Teil aus dem für solch eine Gesellschaft charakteristischen Bedarf an städtischen Dienstleistungen erklären läßt, sowie aus der Eignung des für die Schreiberklasse typischen Glaubens, das städtische Ethos zum Ausdruck zu bringen, und aus der stets präsenten Drohung eines reformistischen Bündnisses zwischen Prediger und Stammes-*Fronde*. *Weil* diese Kultur solch eine Macht über die Menschen ausübte, *deshalb* waren städtische religiöse Dienstleistungen von solcher Wichtigkeit und *deshalb* mußte auch das Gespenst eines Predigers, der sich an die Spitze der Stämme setzt, dem Herrscher ständig gegenwärtig und ein Ansporn sein, dem Guten Geltung zu verschaffen und dem Übel zu wehren. Auf diese Weise aber wird die Macht einer Kultur dadurch erklärt, daß man sich einen Schritt weiter zurück auf sie beruft. Vielleicht sind wir außerstande, über die Beschreibung dieses hermeneutischen Zirkels hinauszugelangen.

Das Pendel klinkt aus

Mit dem Eintritt der Moderne büßt die Struktur ihre Stabilität und ihre interne Rotationsbewegung ein. Das Bild entspricht nicht mehr der Wirklichkeit, das schwingende Pendel klinkt aus und fliegt schließlich, vielleicht für immer, in die eine Richtung. Das zerstört nicht die Brauchbarkeit des Modells – im Gegenteil erhellt es die Art und Weise, wie unter modernen Verhältnissen dies Ausklinken des Pendels vor sich geht.

Moderne, das bedeutet vor allem eine wirksame Zentralisierung und damit das Ende oder den Niedergang des Stammeswesens. Der traditionelle muslimische Staat dürfte eher dem frommen Wunsch nach als de facto absolut gewesen sein. »Der Souverän, dessen Macht (despotisch genannt) eingeschränkt war, weil er bei allem Willen nicht die Mittel zur Unterdrückung hatte, entpuppt sich durch die Hilfe der Wissenschaft als ein Gigant.«[1]

Der moderne Staat (egal ob kolonial, ob nachkolonial) kann und will ein Monopol auf gesetzmäßige Gewalt haben und hat es auch. Er unterhöhlt jene auf gegenseitiger Hilfe beruhenden militärischen und politischen Vereinigungen, die, mögen sie sich nun durch verwandtschaftliche, territoriale oder vertragliche Bindungen definieren, Stämme genannt werden[2]. Er beseitigt damit zugleich auch das Bedürfnis nach jener religiösen Salbe, die die Gelenke ölte, um die Reibung in und zwischen ihnen zu vermindern, mit anderen Worten: das Bedürfnis nach jenem mit Verehrung bedachten heiligen Personenkreis, der zwischen den Menschen vermittelte, indem er sie mit Gott zu vermitteln behauptete. Außerdem ermöglicht der Staat, indem er den Landfrieden gewährleistet, ungehinderte Handelsreisen und enthebt damit die Kaufleute der Notwendigkeit, den Schutz von Heiligen zu suchen bzw. ihren Unternehmungen die Form von Pilgerfahrten zu geben. Der Handlungsreisende muß kein Pilger mehr sein.

Man könnte fast sagen, daß das Vorhandensein einer politisch unabhängigen *zāwiya* ein Beweis dafür ist, daß an dem betreffenden Platz das Stammessystem die Oberhand über die Regierungsbeamten *(Caids)* gewonnen hat[3].

Wenn dies geschieht, kann man beobachten, wie die kleinen Heiligen, vergleichbar den französischen Adligen in den letzten Stadien des Ancien régime, ihre Sozialfunktion fast oder völlig einbüßen, während sie einen Teil

---

[1] Captain Adolphus Slade im Jahre 1830, zitiert bei Elie Kedourie, Der Islam heute. In: Bernard Lewis (Hrsg.), Welt des Islam. Braunschweig 1976, S. 329.

[2] Siehe Amal Rassam Vinogradov, The Ait Ndhir of Morocco. Ann Arbor, Mich. 1974, zum Schicksal einer Reihe von Wölfen unter diesen Bedingungen.

[3] Paul Pascon, Le Haouz de Marrakesh, Rabat 1977. Zāwiyas sind heilige Gemeinschaften, wohingegen Caids Regierungsbeamte sind.

ihrer Einkünfte noch immer erhalten, was natürlich geeignet ist, ein beträchtliches Ressentiment gegen sie wachzurufen. Die Zeit ist dann gekommen, sie als frömmelnde bzw. gottlose Betrüger anzuprangern, die sich am Aberglauben des Volkes mästen, als eine öffentliche Schande und in der Tat als Komplizen der kolonialistischen Fremden im Bemühen, die wahre muslimische Kultur des Landes in den Schmutz zu ziehen. Das lange Zeit und zweckdienlicherweise vergessene theologische Verbot des Mittlertums kann plötzlich wieder aufs Tapet kommen, und zwar so, daß die Botschaft nunmehr einen zwingenden Charakter erhält. Offensichtlich ist das ein Fall von »Nicht tot war das Gesetz, obwohl es schlief.« (Shakespeare, Maß für Maß, II/2).

Aber die neue Situation bewirkt noch mehr als nur dies. Sie verschiebt das Gleichgewicht im ganzen zugunsten der städtischen Lebensformen im Gegensatz zu den stammesförmigen. In Marokko überschnitten sich während der kolonialen und unmittelbar nachkolonialen Zeit die Welt Ibn Khalduns und die Welt von Karl Marx. Die Stämme waren noch *als* Stämme mobilisierbar, und in der Tat traten sie gelegentlich noch in den fünfziger Jahren dieses Jahrhunderts *als* Stammeseinheiten politischen Parteien bei und schwuren ihnen den Treueeid. Die erste Untersuchung über politische Parteien in Marokko, die von Paul Rezette, hob hervor, wie sehr die Organisation dieser Parteien derjenigen der religiösen Orden folgte. Gleichzeitig beherbergen die Barackensiedlungen am Rande der Industriestädte ein neues, frisch geschaffenes und explosives Proletariat. Im Jemen hat, im Gegensatz zu der andernorts vorherrschenden Entwicklung, die politische Bedeutung der Stämme im zwanzigsten Jahrhundert eher zu- als abgenommen. Ans traditionelle Imamat erinnert man sich als an die Zeit einer starken und wirksamen Regierung, was, im Rahmen der Beschränkungen, denen eine traditionelle Regierung unterliegt, das Imamat zweifellos auch war. Seitdem hat die Macht, die eine auf

Modernisierung erpichte Regierung im Zentrum über die umgebenden Stämme ausübt, abgenommen, zum Teil deshalb, weil die Stämme Unterstützung und Hilfe von ausländischen Mächten erhalten. Die Folge ist, daß man, wenigstens im Nordteil des Landes, das ganze Stammessystem in seiner vollen früheren Kraft bis heute funktionieren sehen kann. (Persönliche Mitteilung von Shelagh Weir.)

Das traditionelle »Scherifenreich«, nominell aufrechterhalten im französischen Protektorat, war außerstande gewesen, mit den Stämmen fertig zu werden, wohingegen ihm die städtischen Armen wenig zu schaffen gemacht hatten. Anders als das Römische Reich, das offensichtlich Sklaven einführen mußte, um die Plebs zu entlasten und zu beschwichtigen[1], hatten die muslimischen Reiche es normalerweise nicht nötig, die niederen Stände in den Städten zu beschwichtigen. (Bezeichnenderweise wurde im Islam der meiste Gebrauch von Sklaven nicht am unteren, sondern am oberen Ende der sozialen Stufenleiter gemacht. Sie wurden eingeführt, nicht um die unteren Klassen zu entlasten, sondern um diese zu beherrschen, nämlich als Ersatz für die Stammesgruppen, die sie vorher eingeschüchtert und/oder beherrscht hatten. Sklaven, die in idealer Weise aus ihrem Stammeszusammenhang herausgerissen sind, lassen sich rationeller einsetzen als Freie, die mit all ihren gesellschaftlichen Bindungen belastet sind. Anscheinend haben die Römer für einen derart systematischen und rationellen Einsatz von Menschen an der gesellschaftlichen Basis Verwendung gehabt, die Türken hingegen an der Spitze. Systematische Sklaverei – im Gegensatz zur gelegentlichen, auf den privaten Haushalt beschränkten – ist in der Tat in dem Sinne *rationell*, daß sie die Verwendung von Menschen für isolierte und insofern berechenbare Zwecke erlaubt, – anders als bei den verwickelten und einander widerstreitenden Bestim-

---

[1] K. Hopkins, Conquerors and slaves. Cambridge 1978.

mungsgründen, denen die Arbeit von Menschen unterliegt, die in ein Netz von wechselseitigen verwandtschaftlichen Verpflichtungen und Treueverhältnissen verstrickt sind.)

Im Gegensatz zum traditionellen Staat wußten die kolonialen Behörden, mit Stämmen fertig zu werden, und benutzten sie in der Tat als Wachhunde; hingegen waren sie außerstande, mit den neuen städtischen Armen fertig zu werden. Das neue städtische Proletariat in Marokko war nicht nur umfangreich, sondern auch, anders als die untersten städtischen Schichten unter dem Ancien régime, unentbehrlich für die entstehende politische Ordnung; es ähnelte der englischen Arbeiterklasse, so wie sie Engels in den vierziger Jahren des letzten Jahrhunderts beobachtete; und es gab kein Mittel, dieses Proletariat im Zaum zu halten, wenn es in eine Haltung gewalttätigen Protests verfiel, die einem Grad von Brutalität nahekam, wie er zu dieser Zeit keiner europäischen Macht mehr erreichbar war. Der Kolonialstaat wurde ziemlich leicht mit dem fertig, was einst der Fluch des traditionellen gewesen war, mit den Stämmen nämlich; aber mit dem, was für seinen Vorgänger gar kein ernstliches Problem gewesen war, mit den zahlenmäßig stark angewachsenen städtischen Armen, wurde er nicht fertig. Der traditionelle Staat hatte keine Angst vor den Städten, der Kolonialstaat keine vor den Stämmen.

Unter der neuen Ordnung wächst die Bevölkerung nicht nur an, sie verstädtert auch mehr und mehr, sei's durch Zuwanderung oder dadurch, daß das flache Land städtische Vorbilder übernimmt. Die stammesförmige Religion verliert dabei viel von ihrer Wirksamkeit, während die städtische dank des großen Eifers der ländlichen Zuwanderer, zu Ansehen zu gelangen, an Einfluß und Prestige gewinnt. Und es spielen auch allgemeine ideologische Gesichtspunkte eine Rolle, die besonderes Gewicht erlangen, wenn in einem umfassenden politischen

Konflikt, vornehmlich mit einer fremden Kolonialmacht, die muslimische Identität als solche in Frage steht. Die als Schriftglaube bestimmte Glaubensform ist der Modernisierung zugänglich, die stammesgebundene und heiligenkultliche ist es *nicht*. Der Schriftglaube läßt sich als nationale Ideologie präsentieren, die alle Muslime eines bestimmten Gebiets als Nation definiert (auch wenn das, wie in Pakistan, zu dem Dilemma führt, ob nun der Glaube oder die Nation die Basis des Staatswesens bildet). Ihm wohnt außerdem eine Nationen verbindende ideologische Kraft inne, die den kleinen hereditären Heiligen und ihren profanen Jahrmärkten abgeht. Was eine Nation als Touristenattraktion verwendet, kann sie nicht zugleich als ihre alltägliche und ernstgemeinte Identität geltend machen. Da ist es weitaus besser, in den alten Stammesformen korrupte Verirrungen zu sehen, der die fremde Besatzungsmacht den Weg geöffnet oder Vorschub geleistet hat[1].

Es gibt zwei hervorstechende Muster, nach denen muslimische Staaten Modernisierung betreiben – *gegen* die Religion und *mit* ihr. Das erste Muster ist natürlich der Kemalismus, das zweite der islamische Reformismus. Nationalismus und moderne politische Bewegungen können antireligiös sein, wenn die Religion vorher eng mit der alten Ordnung liiert war. So bemerkt Serif Mardin über die Türkei: »An den Staat gekettet, vermochte der offizielle Islam keine unabhängige Lösung für die

---

[1] Malcolm H. Kerr, Islamic reform. Cambridge 1966; Nikki R. Keddie, An Islamic response to imperialism. California 1968; Jamil Abun-Nasr, The Salafiyya movement in Morocco. In: St. Anthony's Papers 16, Middle Eastern Series no. 3. London 1963; E. Kedourie, Afghani and Abduh. London 1966; H. Laoust, Le Réformisme orthodoxe des Salafiya. In: Révue des études islamiques, 4 (1932); Sylvia Haim, Arab nationalism. Califonia UP 1962; Ali Merad, Le Réformisme musulman en Algérie de 1925 à 1940. Paris 1967; Claude Collot u. Jean-Robert Henry, Le Mouvement national algerien. Textes 1912–1954. Algier 1978; Riaz Hassan, Islamization. An analysis of religious, political and social change in Pakistan. In: Middle Eastern Studies 21 (1985). G. H. Jensen, Militant Islam. London 1979. Zum ländlichen Puritanismus siehe K. Platts Arbeit über die Kerkennah-Inseln.

Probleme vorzubringen, die durch die Einwirkung des Westens entstanden waren.«[1]

Ein anderes Beispiel für einen an den Staat geketteten Islam und eine daraus resultierende, wenigstens relative Säkularisierung liefert Tunesien[2]. Im Gegensatz dazu überkreuzten sich dort, wo eine Kolonialregierung sich dem Land aufdrängte und verkommene traditionelle Formen duldete oder ausnutzte, Reform und Nationalismus; in der Tat erschien der Reformismus als eine frühe Form des Nationalismus.

Der starke osmanische Staat hatte die Entwicklung autonomer, selbstverwalteter, quasi-nationaler Gemeinschaften (*millets*) begünstigt. Unter modernen Verhältnissen, unter denen eine große Beweglichkeit in der Berufswahl und rasche technologische Fortschritte das friedliche Zusammenleben von spezialisierten Gemeinschaften schwierig oder unmöglich werden lassen, ist jede dieser Gemeinschaften bemüht, sich ihren eigenen Staat zu erobern oder zu schaffen. Der Nationalismus gewinnt, mit anderen Worten, eine beherrschende Stellung. (Nur in einem einzigen Fall, dem untypischen und vielleicht tragischen Ende des Libanon, waren die Gemeinschaften durch ein instabiles Kräftegleichgewicht gezwungen, unter einem gemeinsamen Dach, das keiner von ihnen gehörte, zusammenzuleben. Der osmanische Staat war stark und konnte es den verschiedenen Gemeinschaften überlassen, ihre eigenen Angelegenheiten intern zu regeln. Das war Herrschenden und Untertanen gleichermaßen recht. Aber die Moderne brachte eine neue Art von Arbeitsteilung mit sich, die unvereinbar mit einer politischen oder ökonomischen Spezialisierung ganzer Gemeinschaften war. So erhob der Staat wieder Anspruch auf die Ausübung seiner vollen Hoheitsrechte, und gleichzeitig war jede einzelne Gemeinschaft bestrebt, sich

---

[1] S. Mardin, Religion in modern Turkey. In: International Social Science Journal 29 (1977) 2.

[2] Arnold Green, The Tunisian Ulama 1873–1915. Leiden 1978.

ihren eigenen Staat zu erobern oder zu schaffen. Die Glücklicheren unter ihnen hatten oder erwarben eine eigene territoriale Basis. Die Nachfolgestaaten waren auf diese Weise *Nationalstaaten,* in denen jeweils Kultur und politische Ordnung miteinander übereinstimmten und durch die Minderheiten aufgesaugt, ausgestoßen oder zu einer Art von mehr oder weniger irredentistischer Unterwerfung gebracht wurden. Nur im Libanon verlief der Prozeß in der entgegengesetzten Richtung: Die Gemeinschaften übernahmen die Rolle des Staates. Hier ausnahmsweise verfiel der Staat wirklich, aber nicht um einer klassenlosen oder gar von Gemeinschaften freien Harmonie Platz zu machen, sondern um vielmehr einem prekären, explosiven Kräftegleichgewicht der Gemeinschaften das Feld zu räumen. Alle Macht geht, nicht an die Räte, sondern an die Gemeinschaften.) Zugleich tritt ein puritanischer, radikaler Islam an die Stelle der vielgestaltigen und in die gesellschaftlichen Verhältnisse verstrickten Religionsform, die ihm zumeist vorangegangen war; und das geschieht mit besonderem Nachdruck dort, wo hart und heftig mit einer überlegenen ausländischen Macht (oder, im Fall des Iran, mit einer verwestlichten herrschenden Klasse) gerungen wird. Die beiden Prozesse, die »Purifizierung« oder Radikalisierung der Religion und der Nationalismus, sind oft eng miteinander verflochten, und zwar so sehr, daß es schwer hält zu entscheiden, was »bloß« der äußere Ausdruck des anderen ist.

Die Muslime des Balkans stellen interessanterweise einen der ziemlich seltenen Fälle dar, wo der Wortführer der dem »Personen- und Mittlerkult« huldigenden Richtung mit den Repräsentanten der »Reformer« kräftig ins Gericht zu gehen wagt. (Anderswo tendieren die Vertreter dieser, jetzt offenkundig in Mißkredit geratenen Richtung eher dazu, ihre Position zu modifizieren, um der gegen sie sich richtenden Kritik zu begegnen und in gewissem Maß den Normen ihrer Kritiker Genüge zu leisten.) Eine Erklärung dieser balkanischen Besonderheit ist nicht schwer: Die Muslime dort waren auf jeden Fall Minderheiten innerhalb der nationalen Gemeinschaften, gleichgültig ob sie Sufis *oder* Schriftgläubige waren; deshalb konnten die Puritaner ihre Gegner nicht durch die versteckte oder offene Drohung einschüchtern, sie als Volksverräter zu brandmarken.

In der Praxis ist das kemalistische anti-religiöse Fortschrittsstreben geeignet, die vorher miteinander im Streit liegenden Flügel des Islam in eine Alliance gegen seine eigene Säkularisierungspolitik hineinzutreiben und sich so mit einem permanenten Religionsproblem belastet zu finden[1]. Ein großer Teil der politischen Geschichte der Türkei nach dem Zweiten Weltkrieg dreht sich um das Dilemma, mit dem sich die am westlichen Vorbild orientierte säkulare Führungsschicht konfrontiert sieht: Entweder sie hält freie Wahlen ab und überläßt dabei den Wahlsieg Parteien, die bereit sind, sich der Religiosität des flachen Lands und der Kleinstädte anzupassen, oder sie hält am kemalistischen Erbe fest, aber nur um den Preis einer Mißachtung des Volksvotums. Allem Anschein nach konnten sie demokratisch oder säkularisiert sein, nicht indes beides zugleich: Wie sich überraschend zeigte, enthielt das Modernisierungspaket in der Version, in der sie es übernahmen und sich zu eigen machten, miteinander unvereinbare Bestandteile. Die Armee als Hüterin des kemalistischen Erbes mischt sich dann etwa ein und proklamiert eine *leicht abgewandelte* Lesart der gesellschaftlichen Verpflichtung gegenüber dem Religionsinteresse: Du darfst die Wahlen gewinnen und von deinem Sieg in Maßen profitieren; aber wenn du dir dabei zuviel herausnimmst, schreiten wir wieder ein und hängen dich. Auf der Suche nach einer Lösung für dieses Dilemma ging ein renommierter türkischer Gesellschafts-

[1] S. Mardin, Religion in modern Turkey. Zur Situation auf dem Balkan siehe Alexandre Popovic, Sur la situation actuelle des ordres mystiques musulmanes en Yougoslavie. Konferenz in Amsterdam 1979. (Hrsg. v. E. Jellner u. E. Wolf.)

wissenschaftler so weit, die Möglichkeit einer Unterstützung der fortschrittlichen Kräfte durch den ländlichen und lauen »alevitischen« Islam Ostanatoliens in Erwägung zu ziehen[1]. Er stand damit nicht allein. Wie desillusionierte Marxisten sich gelegentlich dem Buddhismus zuwenden, so wenden sich desillusionierte Kemalisten (oder auch Nasseristen) dem Sufismus zu (wobei aber der verfeinerte Stadtwohnungs-Sufismus nicht mehr dasselbe ist wie der alljährliche Wallfahrts- und Festtags-Sufismus eines stammesförmigen Segments.)

Die erste Generation kemalistischer Neuerer betrieb die Säkularisierung im Geiste einer unwissentlich koranischen, puritanischen Kompromißlosigkeit. Professoren pflegten in der Presse ihre säkularistischen *fatwās* zu veröffentlichen, wobei sie für die Rechtmäßigkeit politischer Coups eintraten. Sie kannten ihren Islam noch in- und auswendig und hatten auch in den eigenen Herzen gegen ihn anzukämpfen und bekämpften ihn, ohne sich dessen bewußt zu sein, auf seine eigene Weise und mit seinen eigenen Mitteln. Sie waren die *'ulamā'* des Kemalismus und lehrten und dachten wie *'ulamā'*. Die folgende Generation wußte viel weniger vom Islam und hatte keinen Grund, ihn innerlich zu fürchten. Deshalb war sie weitaus eher bereit, sich mit der Volksmeinung zu arrangieren.

Im Gegensatz dazu scheint muslimischen Staaten, die die Modernisierung im Namen eines reformierten Islam betreiben, viel von diesem schmerzlichen *Kulturkampf* erspart zu bleiben, auch wenn der Demonstrationseffekt von Khomeinis Revolution die jeweiligen Extremisten in diesen Staaten ermuntern mag, neuen Druck auszuüben. Aber bis jetzt jedenfalls scheint ihnen viel von diesen Spannungen erspart geblieben zu sein. Algerien z.B. hat eine halblegale kommunistische Partei, die eine merk-

---

[1] N. Yalman, Islamic reform and the mystic tradition in eastern Turkey. In: European Journal of Sociology, 10 (1969) 1.

würdige Symbiose mit dem Regime unterhält, obwohl nur die FLN offiziell als Partei anerkannt ist. Diese KP wird geduldet, vorausgesetzt, sie benimmt sich ordentlich und nimmt Abstand von allem übertriebenen Eiferertum. Das Zentralkomitee dieser Partei unterbricht gelegentlich seine Debatten, um eine muslimische Gebetsstunde abzuhalten *(sic!)*. Ein offizieller Vertreter der Partei, der diese Praxis erläuterte und verteidigte, machte geltend, Marx habe von der Religion als dem Opium fürs Volk nur geredet, *bevor* er Marxist geworden sei – ein höchst bemerkenswertes Beispiel für die Verwendung der *coupure,* des angeblichen Kristallisationspunkts des marxistischen Systems, zur Bestimmung dessen, was wahrhaft ist und was nicht zur Lehre gehört.

Im sowjetischen Zentralasien haben die Russen beide Vorgehensweisen kombiniert[1]. Der Reformismus (Dschadidismus) ist verboten, aber man stiehlt seine Ideen und überträgt sie auf den offiziellen muslimischen Kult. So beruft man sich etwa auf die von der Orthodoxie erteilte Erlaubnis, in Kriegszeiten das Fasten auszusetzen: Ist nicht der Kampf um die Errichtung einer sozialistischen Wirtschaft auch ein Kampf, der für diejenigen, die an ihm teilnehmen, eine vergleichbare Ausnahmeregelung rechtfertigt? Der gegenwärtige Sufismus ist ebenfalls verboten, seine historischen Erscheinungen hingegen werden als Leistungen lokaler Kulturentwicklung gefeiert. Nur ein toter Sufi ist am Ende ein guter Sufi, wobei er dann in der Tat seine Güte offiziell bescheinigt bekommen kann. 1964 hielt der Großmufti von Zentralasien in Taschkent auf usbekisch eine Rede vor einer ethnologischen Besuchsdelegation und erklärte, der Islam lehre, daß es nur

---

[1] Siehe Hélène Carrère d'Encausse, Réforme et révolution chez les musulmans de l'empire russe. Paris 1966. Zur lokalen Ethnographie siehe A. Benningsen u. C. L. Lemercier-Quelquejay, Islam in the Soviet-Union. London 1967. Zur sowjetischen Ethnographie des Gebiets siehe V. I. Basilov, Kult Sviatykh v Islame. Moskau 1970, oder G. P. Snesarov u. V. I. Basilov (Hrsg.), Domusulmanskie Vierovania i Obriady v Srednei Azii. Moskau 1975.

einen Gott gebe; folglich seien alle Menschen Brüder; folglich sollten sie einander nicht mit Atombomben bewerfen. Die sowjetische Regierung, so fügte er hinzu, vertrete in dieser Angelegenheit eine ähnliche Position, und so gebe es hier zwischen dem islamischen Glauben und den Ansichten der sowjetischen Behörden eine erfreuliche Übereinstimmung. Prompt stand Margaret Mead, selbsternannter Großmufti der Ethnologen, zu einer Antwortadresse auf und versicherte ihm, auch die Ethnologie halte dafür, daß alle Menschen Brüder seien und einander nicht bombardieren sollten; und so hatten wir allesamt das Vergnügen einer dreifachen Übereinstimmung zwischen Islam, sowjetischen Behörden und Ethnologie.

Im allgemeinen räumen die Reformer im Namen eines reineren und wahreren Islam (den es dort in Wirklichkeit vielleicht nie gegeben hat) zuerst mit dem ländlichen Aberglauben auf oder kehren ihn jedenfalls unter den Teppich; und haben sie erst den Mantel der Orthodoxie übergestreift, so scheinen sie hiernach dem neuen Nationalstaat wenig Widerstand entgegenzusetzen, zumal dieser ohnehin ganz geneigt sein mag, dafür zu sorgen, daß der moralische Tenor der Gemeinschaft ihren Forderungen entspricht.

Ihr Ideal einer göttlichen Nomokratie, einer reinen Anwendung des göttlichen Gesetzes, über das sie die Verfügung haben, stößt auf Gegnerschaft oder Widerstand von zwei Seiten: von seiten der traditionellen ländlichen Stammesgesellschaft, die normalerweise nicht ganz in der Lage ist, einer so anspruchsvollen Gesetzesordnung zu genügen, sowie von seiten der modernen Säkularisierung. Was die moderne Welt mit ihrem Mehr an politischer Zentralisierung, Mobilität und Schriftkultur als erstes bringt, ist Unterstützung für das Gesetz gegen die alten Formen stammesmäßiger Heterodoxie. Der alte Gegenspieler verliert die Kraft, lange bevor der neue Zeit gehabt hat, sich zur Geltung zu bringen.

Wie der zweite Konflikt – der zwischen Fundamentalismus und Modernismus – ausgehen wird, ist keineswegs klar. Die wahlverwandtschaftliche Nähe des schriftgläubigen Rigorismus oder Fundamentalismus zu den gesellschaftlichen und politischen Erfordernissen der Industrialisierungsperiode oder industriellen »Entwicklung« ist ziemlich geklärt. Letztere ist eine Periode, die viel Disziplin und Aufopferungsbereitschaft verlangt, vor allem Selbstdisziplin, sowie Ordnungsliebe und Buchstabentreue, die Befolgung abstrakter Vorschriften, die von einer zentralen und, wie die Dinge liegen, entkörperlichten Autorität aufgestellt sind. Man muß seine Pflichten *kanonisch* erfüllen, wie es im Deutschen bezeichnenderweise heißt. (Die rivalisierende Religionsform verkörperte sich stets in örtlichen Persönlichkeiten und in greifbareren, unvermittelteren, aber zugleich weniger starren, gesellschaftlichen Zwängen.) Der tatsächliche Inhalt der vom Fundamentalismus verkündeten Lehre enthält auch nur wenige unverdauliche Forderungen, obwohl es ein paar solcher Forderungen gibt, die dem modernen Bewußtsein archaisch oder barbarisch vorkommen und die zu gewissen Spannungen führen; vielleicht aber sind für die Lebensfähigkeit einer Religion deren besondere Glaubens- und Morallehren viel weniger wichtig als der allgemeine Geist, in dem diese verkündet werden. Ob solch ein Geist sich auch mit einer Gesellschaft verträgt, die ökonomisch entwickelt und nicht nur erst in der Entwicklung begriffen ist, bleibt abzuwarten.

Joseph de Maistre bemerkt an irgendeiner Stelle, der Aberglaube bilde das äußere Bollwerk der Religion. Er will natürlich darauf hinaus, daß die Räumung dieses Stützpunkts am Ende die Hauptfestung selber in Gefahr bringe und daß man ihn deshalb nicht leichtfertig aufgeben dürfe. Religionen, bei denen das äußere Bollwerk und die Hauptbastion ein geschlossenes Ganzes bilden, sehen sich in der Moderne einem schrecklichen Dilemma gegenüber: Verteidigen sie jene vorgeschobenen äußeren

Stellungen, bricht möglicherweise das ganze System zusammen, wenn, wie heutzutage oft der Fall, die Vorposten unhaltbar werden. Werden andererseits jene äußeren Stellungen geräumt und verleugnet, ist die verbleibende innere Schanze so schmal und beengt und klein und scheint ihre Behauptung so ganz und gar eine Sache des Eigennutzes, daß sie kaum mehr der Verteidigung wert erscheint und wenig Begeisterung einflößt.

Im Islam ist das alles anders. Schon unter traditionellen Umständen kam es zu Spannungen und einem in Abständen wiederkehrenden Austausch von Feindseligkeiten zwischen dem äußeren Bollwerk und der Hauptfestung, zwischen ländlichem Aberglauben und städtischem schriftgläubigem Unitarismus. Dieser Gegensatz wurde nicht erst erfunden, um der Kritik der Moderne zu entgehen – es gab ihn schon immer, und er hat deshalb auch keinen Zug von Willkür und Opportunismus. Die mit der Anweisung »Beim Eintritt der Moderne hier abreißen!« versehene Perforationslinie für die Abtrennung des Aberglaubens ist immer schon vorhanden ... Als mithin die modernen Verhältnisse es sozial und intellektuell wünschenswert erscheinen ließen, einen wahren, ursprünglichen, reinen Glauben von allen abergläubischen Zusätzen zu befreien, konnte dies mit wirklicher Überzeugungskraft geschehen. Das innere Residuum ist scharf definiert und kann eine Absolutheit zugeschrieben bekommen, die es gegenüber jenen ziemlich zweifelhaften Anpassungsleistungen auszeichnet, durch die die Modernisierung anderer Glaubensbekenntnisse so unglaubwürdig wird. Deshalb kann das gereinigte Residuum Begeisterung erwecken und zugleich auch mit anderen fordernden, totalisierenden Geisteshaltungen verschmelzen, wie etwa mit dem glühenden Eifer für die neue und gerechtere Gesellschaftsordnung, mit der Mystik der Revolution.

Das Stammeswesen selbst spielt noch immer gelegentlich eine Rolle. Das unabhängig gewordene Somalia verbot die Stammeszuordnung und erklärte die Berufung auf die Stammeszugehörigkeit bzw. die Erkundigung danach für gesetzeswidrig. Daraufhin pflegten die Leute sich gegenseitig von ihrem *ex* zu erzählen bzw. nach ihrem *ex* zu befragen, womit sie ihre Ex-Klans meinten, jene Einheiten also, die offiziell als nicht mehr existent galten. (Somalia ist darin kein Einzelfall.) Ein Somali, der von seinem *ex* redet, meint also nicht seine Ex-Frau. Dieser Brauch fand so große Verbreitung, daß schließlich die Behörden auch die Verwendung des Ausdrucks *ex* verboten, weil dieser praktisch gleichbedeutend mit »Klan« geworden war. Als daraufhin ein Ethnologe sich erkundigte, ob man jemanden über sein »ex-Ex« befragen dürfe, empfahl man ihm, sich seine Scherze zu sparen.

Der geologische Zufall des Ölreichtums hat es stellenweise möglich gemacht, die puritanische Version des Islam mit einer Strenge zu praktizieren, die unter den Beschränkungen normaler ökonomischer Verhältnisse schwerlich denkbar wäre – so etwa im modernen Libyen. In den letzten Jahren hat Gaddhafi die Logik des Schriftglaubens weiter, als frühere Puritaner es in praxi gewagt hätten, vorangetrieben, indem er den Ursprung aller Legitimität ausschließlich der unzweideutigen Offenbarung – d.h. dem Koran – vorbehielt und allen durch Menschengeist oder Geschichte beeinflußten Erweiterungen wie z.B. den nur mündlich weitergegebenen »Überlieferungen« oder im Vorbild der Vita des Propheten gründenden Beweismitteln die Autorität bestritt. Die Folge war, daß der Fall Gaddhafi in Saudi-Arabien von einer theologischen Kommission unter dem Vorsitz des Kadi von Medina untersucht und

Gaddhafi der Abtrünnigkeit für schuldig befunden wurde[1].

Falls ein so extremer Schriftglaube sich durchsetzte, würde er, wie auf der Hand liegt, den Herrscher, dem bereits das Wunder des Ölreichtums viel Ellenbogenfreiheit verschafft, von den Beschränkungen befreien, die die normale Körperschaft aus zugleich Rechts- und Gottesgelehrten ihm auferlegt. Die abstrakten und allgemeinen, und in der Praxis deshalb uneindeutigen, Vorschriften und Aussagen des Koran würden ihn weniger einschränken als das sorgfältig ausgearbeitete Corpus eines Konsenses von Lehrmeinungen. Der extreme Persönlichkeitskult der Ismailiten gab Aga Khan viel Freiheit bei der Wahl der Mittel für eine Modernisierung seiner Gemeinschaft; denn er erlaubte ihm, ohne Rücksicht auf die Schrift und die Gelehrten vorzugehen. Ein sehr enger Schriftglaube könnte, am anderen Ende des Spektrums, eine ganz ähnliche Wirkung haben. Gaddhafi ist der erste sunnitische Herrscher, der so weit gegangen ist, die Sunna (die kodifizierten Überlieferungen, im Gegensatz zum Koran selbst) außer Kraft zu setzen und nebenbei auch den muslimischen Kalender zu reformieren, so daß dieser in der neuen Version vom Todestag des Propheten statt von der Hidschra ausgeht[2]. Die Idee, daß allein der Koran, ohne die »Überlieferungen«, den wahren Islam bestimmt, wurde bereits früher in diesem Jahrhundert, nämlich 1909 in Ägypten, geäußert. Aber erst in unseren Tagen ist der Versuch unternommen worden, die Idee mit Hilfe einer politischen Macht in die Tat umzusetzen.

Gaddhafis Außerkraftsetzung oder Beschneidung der Sunna untergräbt demnach in hohem Maß die Stellung und Autorität der *ʿulamā*ʾ und bewirkt in gewissem Sinn eine Abschaffung der *ʿulamā*ʾ-Klasse. (Dem Schah wurde

[1] Persönliche Mitteilung von Ch. Souriau und T. Monastiri.
[2] H. Bleuchot u. T. Monastiri, L'Islam de K. El-Qaddhafi. In: Annuaire de l'Afrique du Nord. Aix-en-Provence 1980, und Le régime politique libyen et l'Islam. In: Pouvoirs, PUF 1979.

zum Verhängnis, daß er die ökonomische und moralische Stellung der mullahs aushöhlte; in einem so dünn
besiedelten Land wie Libyen läßt der Ölreichtum vielleicht mehr Eigenmächtigkeit zu.) Basisdemokratische
Verhältnisse untergraben faktisch ihre Stellung; der Populismus wird dann zu einer Art Ultra-Protestantismus,
der nicht nur die Priester und Heiligen, sondern auch
die offene Klasse repräsentativer Gelehrter wegfegt.
»Weder Mufti, noch Marabut, noch Scheichs«, verkün-
dete ein Artikel in der einzigen Tageszeitung Libyens.
Bedenkt man die Ordnungsliebe und Nüchternheit, die
ihn selber wie auch seine bevorzugten Anhänger auszeichnet, so läßt sich der gewöhnliche Sunnismus
schwerlich als Opium für das Volk bezeichnen: Viel
eher ist er ein Schutzbrief für die Bürger, und die ʿulamāʾ sind so etwas wie sein Rechtsausschuß. Gaddhafis
extremistischer Rigorismus aber beraubt die Bürger solcher Schutzvorkehrungen.

Wenn diese Art von Gesellschaft in einer Abwehrre-
aktion gegen die Außenwelt nach ihren eigenen Ursprüngen forscht und sich auf sie besinnt, hält sie sich
normalerweise nicht (wie in ähnlichen Situationen die
europäischen Kulturen das tun) ans Bäuerliche. Spuren
eines solchen ländlichen Populismus lassen sich finden,
z. B. in Anwar Sadats Autobiographie; aber es ist auch
bezeichnend, daß der Begriff fallāḥ noch immer ein, wie
man sagen kann, lebendiges und kräftiges Schimpfwort
ist. In Amerika war der Populismus eine Reaktion der
ländlichen Bevölkerung gegen die Gauner aus der Stadt,
vor allem die Anwälte; in Rußland war sie eine stellver-
tretende Reaktion von Intellektuellen im Namen der
Muschiks. In muslimischen Ländern war sie in der
Mehrzahl der Fälle doppelt stellvertretend: Sie war die
Reaktion von Fremden im Namen der Träger der Volks-
überlieferung in der Gesellschaft. Die darauf reagierende
Selbstdefinition der Einheimischen hob, ohne das städtische Leben als solches besonders zu betonen, Züge her-

vor, die fraglos im städtischen Leben wurzelten – vor allem den schriftgläubigen Puritanismus.

Es ist interessant, daß diejenigen, die dieser Extremismus anzieht, erfahrungsgemäß auch häufig einem sozialistischen Radikalismus und einem ziemlich mystischen, stark nebulösen Begriff von *der* Religion zuneigen, einem Begriff, der zu allen nur denkbaren Forderungen berechtigt, dessen Verheißungen aber gänzlich unbestimmt bleiben. Die Vorteile indes, die vom Standpunkt des Herrschers aus eine solche Kombination bietet, liegen auf der Hand. Der sozialistische Radikalismus zerstört alle gesellschaftlichen Widerstandspotentiale, die mit staatsunabhängigem Reichtum zusammenhängen. Der Ultra-Reformismus, der die gesellschaftstranszendente Norm auf ein absolutes Minimum, einen knappen und entsprechend uneindeutigen Text, reduziert und die vorhandene gesammelte exegetische Tradition kurzerhand abschafft, beraubt damit die Klasse der Geistlichen der Grundlage, von der aus sie ihre Kontroll- und Oppositionsfunktionen ausüben. Gleichzeitig bedeutet der demokratische Radikalismus, die Schaffung und Stärkung von örtlichen Ausschüssen, deren Entscheidungsbefugnis die der Beamten übertrifft, daß kein Beamter seiner Stellung sicher und also auch um so weniger imstande ist, gegenüber der Zentralregierung eine unabhängige Stellung einzunehmen. In Libyen wurde z. B. unlängst ein Ortsbeamter für den Fall mit Strafe bedroht, daß er versäumte, Anweisungen aus der Hauptstadt *wie auch* Anweisungen des gewählten Ortsausschusses Folge zu leisten – und da die einen Anweisungen mit den anderen nicht notwendig übereinstimmten, war diese Maßnahme allerdings geeignet, ihn in Atem und nach allen Richtungen auf dem Quivive zu halten. Das überkommene Bild vom guten Sultan war in der Tat das Bild eines Herrschers, der direkten Kontakt zum »Volk« hatte und seine eigenen Beamten in Schach hielt bzw. sich über sie hinwegsetzte. Die seltsame Mischung aus Maoismus und islamischem

Reformismus scheint mit modernen Mitteln dasselbe zu erreichen, indem sie zu einer Art Neo- und Super-Mamlukenherrschaft führt, bei der weder Reichtum, noch Gottesgelehrtheit, noch technische Kompetenz, noch der Verwaltungsapparat, noch Sippenbande dem Herrscher Trotz bieten können. Niemand also mit einer selbständigen Machtbasis bleibt mehr übrig, während gleichzeitig der Umfang des spezifischen, konkreten, *identifizierbaren* Gesetzesinhalts, der den Herrscher überragt und seiner Willkür Zügel anlegt, schrumpft. Die göttliche Nomokratie, vermittelt durch eine das Gesetz auslegende Gelehrtenzunft, bot einst besseren Schutz gegen politische Willkürherrschaft als die neue Kombination aus Zentralismus, Theokratie und Populismus es tut.

Wie andere heutige Gesellschaften sind auch die muslimischen Länder in der Frage gespalten, ob die Industriegesellschaft sozialistisch oder liberalistisch organisiert sein sollte. Im Unterschied zu anderen Gesellschaften sind sie außerdem in der Frage gespalten, welche Stellung dem Islam im gesellschaftlichen Leben zukommen sollte. Aus der Verschmelzung dieser beiden Fragenkomplexe resultiert eine komplizierte Situation, vergleichbar etwa derjenigen, die sich ergäbe, wenn in Europa Probleme des zwanzigsten Jahrhunderts auf solche des sechzehnten gepfropft würden. Unter der einen Fragestellung trennen sich Traditionalisten mit einer Führungsschicht, die noch immer auf dem Ibn Khaldunschen Prinzip einer sippengebundenen Auslese basiert, von tatsächlichen oder angeblichen Modernisten, bei denen bereits die bloße Vorstellung vom Stamm oder Klan verpönt ist. Unter der anderen Fragestellung trennen sich die religiösen Rigoristen von den religiös Lauen. Die beiden Fragestellungen verbindet keine einfache Kurve oder Entwicklungslinie. Rigorismus findet sich auf der einen Seite bei manchen Traditionalisten mit stammesartigen Führungsschichten (etwa in Saudi-Arabien und Nord-Nigeria) und auf der anderen Seite bei einigen neo-mamlukischen Regimen, bei denen Soldaten und Technokraten, die kraft Kompetenz im Amt sind, die Religion benutzen, teils um eine Disziplinierung der Gesellschaft durchzusetzen, teils um nach Möglichkeit ein Kleinbürgertum zu beschwichtigen, das nicht zuletzt aus Mangel an Bildungschancen traditionalistisch ist und sich der Religion bedienen könnte, um seinen Ressentiments gegen die Vorrechte der Mamluken Ausdruck zu verleihen. Zwischen diesen Extremen gibt es relativ liberale oder gesellschaftlichem Pluralismus zuneigende Regime, die von Glaubensfragen wenig in Anspruch genommen sind.

Es ließe sich die These vertreten, jene beiden Höhepunkte religiöser Begeisterung stellten aufeinanderfolgende Ausschläge der von Hume beschriebenen alten Pendelbewegungen dar, wobei das Tal dazwischen von erschöpften alten Regimen ausgefüllt werde. Aber so einfach ist die Sache unter modernen Verhältnissen nicht. Anders als die vorletzte Welle, die mit Ibn Saud oder Osman dan Fodio eintraf, kommen die allerjüngsten Puritaner nicht mehr aus der Wüste. Und es ist unwahrscheinlich, daß das Pendel je wieder ausschlagen wird, weil die eine der beiden Kräfte, die es in Bewegung zu halten pflegten – die Autonomie des flachen Lands mit den dazugehörigen Bedürfnissen – mittlerweile entschieden geschwächt ist. Außerdem mögen die Regime im Wellental, lau und »alt« wie sie sind, aus ihrem Zustand tatsächlich noch Vorteil ziehen. Es ist keineswegs ausgemacht, ob auf lange Sicht die modernen Verhältnisse eher der Lauheit und dem Liberalismus oder dem Rigorismus und Zentralismus förderlich sind. Die Frage bleibt offen und muß nicht unbedingt überall die gleiche Antwort finden.

Das charakteristische Muster, nach dem im Islam schriftgläubiger Puritanismus und hierarchische, ekstatische, mittlergläubige Formen sich verteilen, kann *sowohl* erklären helfen, warum die Industriegesellschaft nicht aus dem Islam hervorging, *als auch* begründen, warum der

Islam am Ende gegenüber der Industriegesellschaft so viel Anpassungsfähigkeit zu beweisen verspricht, und zwar vielleicht mehr Anpassungsfähigkeit als der Glauben, in dem diese Gesellschaftsform ihren historischen Nährboden fand. Ein egalitärer Schriftglaube paßt zu einer mobilen technisierten Gesellschaft besser als ein nicht an die Schrift gebundenes, Gottes Stelle vertretendes, manipulatives geistliches Mittlertum. Für die *Entstehung* der Industrialisierung ist es vermutlich das günstigste, wenn der Schriftglaube in einem mehr oder weniger peripheren Teil der alten Gesellschaft isoliert und aufgehoben ist, wo eine neue Welt sich relativ ungestört entwickeln kann. Aber fürs *Überleben* in einer Situation der unter Wettbewerbsdruck vor sich gehenden Industrialisierung ist es möglicherweise günstiger, wenn der Schriftglaube, statt an der Peripherie der Gesellschaft, mitten in ihrem Zentrum steht und von dort aus die peripheren Formen als Aberglauben und unwürdiges Beiwerk abstreifen kann – womit er gleichermaßen imstande ist, sich seiner eigenen Kontinuität und Originalität zu versichern *und* für die politische und ökonomische Rückständigkeit der Gesellschaft eine rationalisierende Erklärung zu finden. Er kann dann zugleich in einer althergebrachten Identität sich behaupten *und* zur Rechtfertigung eines energischen Sprungs nach vorn dienen.

Die vorletzte Welle von Puritanern bzw. Fundamentalisten alten Stils, wie sie in Saudi-Arabien oder im Norden Nigerias auftrat, kam noch aus der Wüste oder Steppe (selbst wenn ihre Führung nicht ländlichen Ursprungs war) – oder ihre Vorfahren kamen von dort, mit dem Eroberungszug der Wahhabiten oder mit Osman dan Fodio. Die letzte Welle indes ist nicht mehr auf diese Art zustande gekommen. Der Neo-Puritanismus algerischer oder libyscher Provenienz entstand in Ländern, die wirkliche koloniale Unterdrückung erlitten hatten – anders als in Nordnigeria bzw. in Zentralarabien, wo der britische und türkische Oberherr durch einheimische Führungsschichten regierte, die er zu diesem Zweck sogar stärkte –; und das ist möglicherweise von größter Bedeutung. Nominell ähnelt sich der islamische Rigorismus in den beiden Gesellschaftstypen vielleicht; aber in der psychologischen Dimension, im Gefühlsgehalt, unterscheidet er sich ziemlich. In den Ländern mit angestammten, auf Erblichkeit beruhenden Führungsschichten, die noch auf die geheiligte Ibn Khaldunsche Art und Weise an die Macht gekommen sind, bleibt die göttliche Nomokratie, wie streng die Anwendung des Gesetzes auch sein mag – etwa wenn Ehebrecherinnen gesteinigt werden, indem man eine Wagenladung Steine auf sie kippt –, nichtsdestoweniger an eine alte und feststehende Gesellschaftsordnung gebunden und hat deshalb nicht ganz jene innerliche Intensität, die der anderen und genuin neuen Nomokratieform eigentümlich ist. Die religiöse Kultur bleibt eher eine politische Angelegenheit und wird nicht so sehr zur Sache des einzelnen. (Wenn sie im Ausland und der Überwachung durch ihre gesellschaftliche Umgebung entzogen sind, neigen Angehörige dieser Art Führungsschicht noch leichter zur Sündhaftigkeit als ohnehin schon.) Demgegenüber entstand der Neo-Puritanismus des anderen Gesellschaftstyps unter dem Kolonialismus, d. h. in einer Situation politischer Ohnmacht. Diejenigen, die diesen Puritanismus ausbildeten, brauchten sich deshalb keine Gedanken über die politische Durchsetzung des orthodoxen Glaubens zu machen. Sie brauchten sich damals noch keine Gedanken darüber zu machen, ob Dieben die Hände abgehackt werden sollten oder ob es ratsam wäre, wenigstens alle zehn Jahre einen heiligen Krieg zu führen; denn weder das eine noch das andere stand in ihrer Macht. (In diese Verlegenheiten sollten sie erst kommen.) Aber einmal ganz abgesehen von der Tatsache, daß es sich bei ihrem Tun um eine *reaktive* nationalreligiöse Bewegung handelte, verlieh eben dieser Umstand, daß sie über keine äußeren, politischen Sanktionsmittel verfügten, der inneren Nötigung, unter der sie handelten, eine ganz besondere Intensität; und innere Sanktionen sind auf lange Sicht wirkungsvoller als äußere. Die inneren Sanktionen wirkten auch dann noch, als diejenigen, die ihnen unterlagen, politisch an die Macht kamen, – wenigstens in erheblichem Maß. Klagen über Bestechlichkeit hört man natürlich auch von neo-puritanischen Regimen und über sie. Die Führungsschicht verfügt ohne Zweifel über zahlreiche Privilegien und Nebeneinkünfte und lebt nicht immer nach dem Buchstaben des Gesetzes. Aber hier ist das Ausmaß entscheidend. Diese Art von Bestechlichkeit und spektakulärem Reichtum ist mit derjenigen, die in den Führungsschichten traditionellen Ursprungs vorkommt, einfach nicht vergleichbar – und zwar weder im Umfang noch in der Unverfrorenheit.

So konnte ironischerweise dem Drang zu einer theokratischen oder »göttlich-nomokratischen« Ordnung, der doch historisch die Folge großer politischer Macht war, in späteren Zeiten vielmehr eine zeitweilige politische Ohnmacht besondere Stärke verleihen. Der Kolonialismus konnte auf den Islam eine ähnliche Wirkung ausüben wie die Zerstreuung auf das Judentum. Und diese innere Stärke läßt sich, wie gesagt, auch nach der Unabhängigkeit erhalten, wenn sie nämlich von dem Argwohn gespeist wird, den die städtischen Unterschichten angesichts ihrer, zwar in Nationalität und Religion mit ihnen übereinstimmenden, nichtsdestoweniger aber unausweichlich mehr oder minder verwestlichten Herrscher empfinden. Diese städtischen Unterschichten bleiben auch nach der Unabhängigkeit politisch ohnmächtig und finden Trost oder verschaffen sich Ausdruck nur in Form ihrer islamischen Strenggläubigkeit; denn ihr *Ressentiment* in die Form des Nationalismus zu kleiden, ist ihnen nicht mehr möglich. Einem Soziologen, Dr. Riaz Hassan, der 1980 in Teheran eine die Religion betreffende Umfrage machte, wurde einfach erklärt, die *Armen*, das seien die Muslime. Im Gegensatz zur marxistischen Theorie tendiert hier der Klassenkonflikt nur dann zum revolutionären Ausbruch, wenn er sich ethnisch oder religiös artikulieren kann. Durch ihren säkularisierten Kosmopolitismus beförderte die herrschende Klasse eine Sozialrevolution, indem sie dieser das Geschenk eines religiösen Idioms machte. Auch die schiitische Volksbewegung im Iran scheint also ein Neo-Puritanismus dieser Art zu sein, ungeachtet dessen, daß der Iran keiner im strengen Sinn kolonialen Herrschaft unterworfen war. Aber die herrschende Klasse in Persien schaffte offenbar eine ziemlich gute Imitation kolonialer Herrschaft, speziell was ihre Fähigkeit anging, fundamentalistische Empfindlichkeiten zu schüren. Es ist nicht ohne Ironie zu denken, daß im Iran, wäre er kolonialisiert worden, statt unabhängig zu bleiben, die herrschende Klasse sich wahrscheinlich *nicht so* anstoßerregend verwestlicht hätte. Wie man vermuten möchte, hätte der britische Raj seine Herrschaft indirekt, durch ländliche Stammes-Khans (so wie er in Nigeria sich der Emire bediente) ausgeübt, die dadurch bewogen worden wären, ihren lokalen Verpflichtungen und ihren Bindungen an die alte Kultur treu zu bleiben, statt sich mit so viel Rücksichtslosigkeit aufs *dolce vita* zu verlegen.

So verschob sich also das revolutionäre Potential von der Wüste auf den Basar. Alles in allem behielt es die gleiche unitarisch-puritanische Ideologie bei, allerdings mit einem neuen Akzent und einer neuen Aufgabenstellung. Vormals hatte diese Ideologie dazu gedient, einer neuen Herrscher-, Stammes- oder religiösen Führungsgruppe eine stammesförmige Machtbasis zu verschaffen und zugleich den Handel treibenden Bürgern in einem gewissen Maß Schutz zu bieten. Jetzt dient sie zur Rechtfertigung einer neuen Art von herrschender Klasse, die eher von unten her als von außerhalb der Stadtmauern in Erscheinung tritt, einer Mischung aus neuen Mamluken und neuen *'ulamā'*, Technokraten und religiösen Erweckungspredigern; ihnen gewährleistet und vor allem liefert der Glaube ein Selbstverständnis, das sich gleichermaßen gegen die Fremden und gegen die korrupte alte, einheimische Führungsschicht wendet. Nicht mehr die Stammesangehörigen, sondern die Technokraten erfüllt jetzt der Glaube mit heimlichem Schamgefühl und dadurch erwecktem Loyalitätssinn. Er distanziert die Gesellschaft sowohl von der insgeheim bewunderten verwestlichten alten Oberschicht, als auch von ihrer eigenen ländlichen Vergangenheit, deren sie sich offen schämt.

Die puritanische Richtung des Islam hat demnach eine beträchtliche Wiederbelebung und neue Wertschätzung erfahren, und zwar in Verbindung mit ganz unterschiedlichen Formen der Modernisierungspolitik, die vom militanten Sozialismus bis zu einem auf der Führung des Klan-Oberhaupts basierenden strengen Traditionalismus reichen. Man ginge ganz fehl, wollte man diesen Erfolg auf die finanzielle Unterstützung der Bewegung durch Gelder aus dem Ölgeschäft zurückführen. Ich fürchte, es würde nicht viel nützen, wenn B. P. einen vergleichbaren Teil seiner Gewinne aus den Ölfeldern in der Nordsee dazu verwendete, eine methodistische Wiedererweckungskampagne zu finanzieren, unter Einschluß eines Filmspektakels über John Wesley, mit Omar Sharif in der Hauptrolle. Der Umstand, daß der muslimische Neo-Puritanismus eine so breite Wirkung hat, beweist, daß er in der Tat in der psychischen und sozialen Bedürfnisstruktur der heutigen Muslime auf eine tiefe Resonanz stößt.

Die Verschmelzung der »Reform«, d.h. des koranischen Fundamentalismus mit einem Sozialradikalismus leicht maoistischer Prägung ist, wo sie vorkommt, besonders wirksam. (In Ländern, in denen die fundamentalistische Führungsschicht selbst eine Art erweiterter Klan ist, mithin ihre Stellung dem alten Ibn Khaldunschen Rotationsprinzip verdankt und also zu viel zu verlieren hat, um mit dem sozialen Extremismus zu kokettieren, kann diese Verschmelzung kaum vorkommen; hingegen kommt sie dort vor, wo die gegenwärtig Herrschenden mittels irgendeiner Form von antikolonialistischem Kampf an die Spitze aufgestiegen sind.) Das islamische Element ermöglicht eine Form der kollektiven Identifizierung, die positiver und befriedigender ist als die bloße Vorstellung von den »Verdammten dieser Erde«, dem enterbten Proletariat, und die doch aber umfassend genug ist, um alle einzuschließen, abgesehen von den Fremden aus dem Westen und der eigenen, kulturell entfremdeten, verwestlichten Oberschicht. Und gleichzeitig erlaubt das marxistische Element eine weit überzeugendere Feststellung und Bestimmung des Hauptgegners, als dem Islam allein möglich wäre. Die vereinte Attraktivität dieser Vorzüge läßt erwarten, daß in den kommenden Jahren der koranische Marxismus in verschiedenen Ausprägungen eine starke Macht darstellen wird. Seine Fähigkeit, *zugleich* die eigene charismatische Gemeinschaft *und* den Gegner zu bestimmen sowie die Gemeinschaft von der Schuld an ihrer eigenen, bis dato vorhandenen Rückständigkeit freizusprechen und diese Schuld mit allem Ressentiment dem anderen zuzuweisen, ist bemerkenswert. Dadurch wird mit einem Schlag die Ehre wiederhergestellt, das Ressentiment in Bahnen gelenkt und eine überzeugende Zustandserklärung geliefert. Es kann gut sein, daß wir vor einer Periode von revolutionären Bewegungen à la Che Khomeini stehen.

Entwicklungsländer – egal ob europäische im neunzehnten Jahrhundert oder solche der Dritten Welt im zwanzigsten – sehen sich ganz allgemein in einem schmerzhaften Dilemma zwischen Modernisierungs- und Volksbewegung. Erstere ist der Schlüssel zu Reichtum und Macht, impliziert aber eine Verleugnung der einheimischen Identität und die Anerkennung der Autorität eines fremden Vorbilds. Zu letzterer gehört eine Idealisierung der rückständigen Massen, ihre Verklärung zum *Volk, narod,* usw. In der Tat ist das schmerzhafte Dilemma zwischen einerseits Entwicklung und Transformationsprozeß mit der dazugehörigen Selbstverleugnung und Verachtung eigener Traditionen und andererseits Aufrechterhaltung der kulturellen Identität um den Preis ökonomischer und militärischer Schwäche die allgemeine Formulierung für das, was die Kategorie »Rückständigkeit« besagt. Die muslimischen Gesellschaften können sich diesem Dilemma entziehen. Eine popularistische Idealisierung des Fellachen oder des Beduinen wird hauptsächlich stellvertretend von ausländischen Romantikern betrieben. Die Gesellschaft selbst hingegen kann sich an diesem Punkt mit einem wesentlichen Strang ihrer eigenen Tradition, nämlich mit ihrer Schrifttradition identifizieren, die bodenständig ist und doch gleichzeitig, in einem beträchtlichen Maß jedenfalls, als Banner des Modernismus brauchbar scheint, als ein Stachel, ein Richtmaß, eine Zuchtrute für die eigene Schlampigkeit, Leichtgläubigkeit und Unbeweglichkeit. Die Gesellschaft ist nicht gezwungen, sich zwischen Marx und Mohammed zu entscheiden. Ohne daß sie sich unbedingt auf den ersteren namentlich beruft (daß sie die Formulierung vage beläßt oder daß sie sich statt dessen auf einen direkten Abkömmling in der spirituellen *silsila* des Marxismus beruft, z. B., wie im Falle Somalias, auf jemanden aus der koreanischen Linie), stehen ihr beide Richtungen offen. Psychologisch gesehen, scheint die Mischung aus beiden besonders lebensfähig.

Es besteht demnach eine sehr starke Tendenz, die Modernisierung bzw., wenn man lieber will, die ökonomische Entwicklung mit einer moralisch-religiösen Aura zu umgeben. Es ist interessant und vielleicht auch symptomatisch, daß der einzige muslimische Staat, der sich aus freiem Entschluß für die Säkularisierung entschieden hat, nämlich die Türkei, diese – wenigstens ungefähr eine Generation lang – in einer markant schulmeisterlichen, sozusagen koranischen, Manier durchgeführt hat. Möglicherweise ziehen aber breite städtische Schichten unterhalb der herrschenden Führungsschicht den Reformislam

158

einer schulmeisterlichen Säkularisierung vor. Der Reformislam ermöglicht diesen Schichten, sich gleichzeitig und im Sinn einer Selbstbestätigung von drei verschiedenen, schlecht angesehenen, fremden Gruppen abzusetzen: vom nicht-muslimischen Westen, von den in ihrer Rechtgläubigkeit zweifelhaften, ausschweifenden und unruhigen Landbewohnern und von der einheimischen herrschenden Klasse, die das Verlangen nach »Entwicklung« und Technokratisierung unvermeidlich einer Vernachlässigung der Religion in die Arme treibt.

Es ist höchst fraglich, ob im Rahmen dieser allgemeinen islamischen Tradition der Staat in schlicht instrumentalistischer Weise als eine Institution betrachtet werden kann, die zum kleinstmöglichen Preis eine Aufgabe erfüllt, statt als eine mit gesamtgesellschaftlicher Verantwortung betraute Einrichtung zu erscheinen, deren Verpflichtung es ist, das Gute zu befördern und dem Übel zu wehren. Ohne Zweifel gibt es auch ein egalitäres und zur Beratschlagung anhaltendes Moment im Islam. Aber wer sich im Versuch, zwischen Islam und Demokratie eine Verbindung herzustellen, darauf beruft, muß daran denken, daß ein großer Unterschied besteht zwischen einer Volkssouveränität, die einen allgemeinen Skeptizismus zum Hintergrund hat, und einer, deren Hintergrund die Überzeugung bildet, daß die Wahrheit geoffenbart und zugänglich ist. Tocqueville hat vielleicht recht, wenn er bemerkt, daß der amerikanischen Demokratie religiöse Glaubensstärke und Selbstzucht zustatten kamen; aber gleichzeitig gab es eben die Ansicht, daß auch rivalisierenden Anschauungen ein Existenzrecht zukomme. Die Verschmelzung von Volkssouveränität und gültiger Wahrheit (typisch auch für marxistische Staaten) ist demgegenüber heikler. Die vom Kemalismus schulmeisterlich betriebene Säkularisierung ist kompliziert und paradox, insofern sie ein Modernisierungskonzept, ein westliches Modell übernahm, zu dem damals Parlamentarismus und Mehrparteiensystem dazugehörten.

Die Situation läßt sich folgendermaßen zusammenfassen. Der Puritanismus alten Stils herrscht dort vor, wo sich eine traditionelle Führungsschicht erhält, die ihren eigenen Anfängen im Zuge eines jener Ibn Khaldunschen Pendelausschläge, der sie in einem Zugleich von religiöser Begeisterung und Stammesaggressivität an die Macht brachte, nach Zeit und Geist noch nicht allzu fern steht. Der Puritanismus neuen Stils mit seiner wahlverwandtschaftlichen Beziehung zum Sozialradikalismus herrscht dort vor, wo der Kolonialismus die alten Führungsschichten zerstört und eine neue hervorgetreten ist, und zwar eher von unten als von außerhalb der Stadt. Nur der eine muslimische Staat, der selber eine Kolonialmacht war, entschied sich auch für die politische Säkularisierung. Im Iran scheint ein Fall von Neo-Puritanismus vorzuliegen, der sich nicht gegen eine im Wortsinn ausländische Herrschaft, sondern gegen eine einheimische Klasse von Herrschenden richtet, die dem eigenen Volk, über das sie herrscht, so entfremdet ist, daß sie ebensogut aus Ausländern bestehen könnte.

Wenn wir auf der einen Achse eines Koordinatensystems Fundamentalismus und religiöse Lauheit einander gegenüberstellen und auf der anderen Achse Sozialradikalismus und Traditionalismus, erhalten wir die folgende schematische Zusammenstellung einiger der vorhandenen Wahlmöglichkeiten:

	sozialradikal	politisch konservativ, traditionalistisch
fundamentalistisch	u. a. Algerien, Libyen	u. a. Saudi Arabien, Nordnigeria
religiös gemäßigt oder säkularistisch	u. a. Türkei	u. a. Marokko

Der Begriff »Sozialradikalismus« hat dabei einen unterschiedlichen Inhalt, je nach der historischen Periode: Zu

Atatürks Zeiten bedeutete er eine *ins Extrem* getriebene Verwestlichung, heute hingegen schließt er Sozialismus ein. Der interessanteste Gegensatz ist wahrscheinlich der zwischen den Sozialradikalen und den konservativen Fundamentalisten. Khomeini hat sein Land unverkennbar aus der unteren rechten Sparte herausgezogen; es bleibt abzuwarten, an welcher Stelle im Spektrum der oberen Ebene der Iran schließlich landen wird.

Probleme

Das Modell ist nun also skizziert. Wo liegen seine Schwierigkeiten und Probleme?

Ein Problem ist: Liefert das Segmentierungsmodell eine gute Darstellung der inneren Organisation muslimischer Stammesgesellschaften? Dies ist bezweifelt worden, und zwar mit den folgenden Argumenten: Das Segmentierungsmodell ist in der Tat ein *Idiom* und eine Form, wie die Angehörigen dieser Gesellschaften ihre eigene Situation begrifflich fassen. Tatsächlich sagen die Araber: Ich gegen meine Brüder, meine Brüder und ich gegen unsere Vettern, meine Brüder, Vettern und ich gegen die Welt. Die Vorstellung von einer internen Rivalität, die gleichzeitig durch den Zusammenhalt nach außen aufgehoben wird, wobei sich dieses Verhältnis auf einer Reihe von Ebenen wiederholt, ohne daß es auf *irgendeiner* dieser Ebenen zu einer wirksamen Zentralisierung oder einem äußeren Eingriff käme, ist in der Tat eine Vorstellung, auf die sie gewohnheitsmäßig zurückgreifen. In dieser Vorstellung werden sie außerdem durch ihre adretten, baumförmigen genealogischen Grundmuster bestärkt, die für sie zugleich Symbol des Stammes mit seiner internen Aufgliederung in Abteilungen, Unterabteilungen usw. sind. In Wirklichkeit aber ist die Praxis der Abgrenzung und Entgegensetzung bei weitem flexibler, komplizierter, ungenauer und opportunistischer. Die Verfechter des Segmentierungsmodells haben, dieser Argumentation zufolge, das Ideal bzw. Idiom mit der Realität verwechselt[1].

Bei manchen, die diese Kritik üben, wird nicht immer ganz deutlich, welche alternative Theorie ihnen vorschwebt bzw. ob sie überhaupt eine haben. Manchmal hat man das Gefühl, daß die Hervorhebung und fast rauschhafte Beschwörung der Einsicht, daß Theorie und Praxis auf komplizierte und subtile Weise miteinander verflochten sind, was ja in der Tat auch der Fall ist, als Theorieersatz dient, ungeachtet der Allgemeinheit und Unbestimmtheit solcher Versicherungen. An anderen Stellen findet man tatsächlich eine relativ spezifische Theorie, wie etwa die, daß in einer bestimmten muslimischen Gesellschaft persönliche Beziehungen den Charakter von dyadischen Protektionsverhältnissen aufweisen, bei denen ungleiche Partner Vorteile und Hilfeleistungen untereinander austauschen; – dies im Gegensatz zu den egalitären, brüderlichen, »eingebetteten« Gemeinschaften, die dem Segmentierungsmodell vorschweben. Das immerhin ist eine Theorie, die genug Konkretion und Fleisch auf den Knochen hat, um sie diskutieren zu können[2].

Meiner Meinung nach verhält es sich damit so, daß mit der zunehmenden Macht, die der Zentralstaat gewinnt, asymmetrische Protektionsbeziehungen in der Tat zur Regel werden. Die Aussichten, die jemand hat, und die

---

[1] Siehe z. B. Clifford Geertz, In search of North Africa. In: New York Review of Books vom 22. April 1971, oder Abdallah Hammoudi, Segmentarité, stratification sociale, pouvoir politique et sainteté. In: Hesperis Tamuda 15 (1974). Siehe auch Ian Cunnison, Baggara Arabs. Oxford 1966; Talal Asad, The Kebabish Arabs. London 1980; Emanuel Marx, Tribal Pilgrimages to Saints' Tombs in South Sinai. Amsterdamer Konferenz 1979; Clifford Geertz, Hildred Geertz, Lawrence Rosen, Meaning and order in Moroccan society. Cambridge 1979; schließlich Dale Eickelman, The Middle East. 1981. Siehe die Sondernummer von Annales, Mai–August 1980.

[2] Dale F. Eickelmann, Moroccan Islam. London 1976.

Sicherheit, die er genießt, hängen von seinen Beziehungen ab: Was er braucht, ist ein Freund bei Hofe, wobei es eine Vielzahl miteinander in Verbindung stehender Höfe auf der lokalen, regionalen und nationalen Ebene gibt. Aber diese Art System hat mit Erfolg ein früheres, vergleichsweise symmetrisches und »brüderliches« oder »vetterliches« System verdrängt, in dem die eigene Sicherheit nicht von einem oder mehreren Schutzherren, sondern von den Sippengenossen abhängt. Unter modernen, zentralistischen Verhältnissen bleibt das Idiom einer sippenförmigen Segmentierung zwar erhalten und wird auch immer noch verwendet, aber die wirkliche Praxis verändert sich.

Würde man es aber als ein schon immer und von Haus aus die Realität verschleierndes Idiom behandeln, so wäre die Feststellung gar nicht möglich, daß ein auf Stammessegmentierung beruhendes System in neuerer Zeit durch ein locker zentralistisches und von Protektionismus beherrschtes System abgelöst wurde[1]. Es wäre gar nicht möglich, das zu sagen – denn was bereits von Anfang an und von sich aus eine Illusion ist, kann schlecht *noch mehr* zu einer werden –; aber zugleich will man es doch sagen, und zwar einfach deshalb, weil es so offensichtlich

---

[1] Siehe John Waterbury, Commander of the faithful. London 1970; Rémy Leveau, Le Fellah marocain – défenseur du trône. Paris 1976; Bruno Etienne, L'Algérie. Cultures et révolution. Paris 1977; Jean-Claude Vatin, L'Algérie. Politique, histoire et société. Paris 1974; Lawrence Rosen, Rural political process and national political structure in Morocco. In: R. T. Antoun u. Ilya Harik (Hrsg.), Rural politics and social change in the Middle East. Indiana UP 1972; W. Quandt, Revolution and political leadership. Cambridge, Mass. 1969; Jean Leca u. Jean-Claude Vatin, L'Algérie politique. Institutions et régime. Paris 1975; David Seddon, Local politics and state intervention. In: E. Gellner u. C. L. Micaud (Hrsg.), Arabs and Berbers. London 1973, und Jeanne Favrets Aufsatz in demselben Band; Anouar Abdel-Malek, Ägypten. Militärgesellschaft. Frankfurt a.M. 1971; Hanna Batatu, The old social classes and the revolutionary movements of Iraq. Princeton, N. Y. 1978; N. Safran, Egypt in search of political community. Cambridge, Mass. 1961; Jean u. Simone Lacoutoure, Egypt in transition. London 1958; P. J. Vatikiotis, The modern history of Egypt. London 1963; Richard P. Mitchell, The society of the Muslim Brothers. London 1969; Olivier Carré, La légitimation islamique des socialismes arabes. Paris 1979.

der Wahrheit entspricht. Die Feldforschungsarbeit derjenigen Wissenschaftler, die den Standpunkt vom »illusionären« Charakter des egalitären Segmentierungsidioms vertreten, fällt zumeist in ein ziemlich spätes Stadium der Entwicklung dieser Gesellschaften; ich habe den Verdacht, daß sie in der Tat eine korrekte Darstellung der Gegenwart als etwas mißverstehen, das auch für die Vergangenheit Geltung hat.

Es gibt auch gute positive Gründe für die Annahme, daß das Segmentierungsmodell, wenigstens im großen und ganzen, eine angemessene Darstellung der herkömmlichen Wirklichkeit bietet. Komplexe Muster des Zusammenwirkens in Krieg und Frieden, bei der Benutzung der Weiden, bei der Auswahl der Anführer, bei der Selbstbesteuerung, bei Abgaben an die Heiligen und bei anderen Aktivitäten kamen in vielen Stämmen vor, ohne daß dies zu einer dauerhaften oder nachhaltigen gesellschaftlichen Rangordnung oder Schichtung geführt hätte. Manche Menschen waren in der Tat reicher und mächtiger als andere, aber das führte offenbar nicht zum Gerinnungszustand verschiedener *Arten* von Personen, begrifflich unterscheidbarer Klassen von Menschen. Diese Gesellschaft hatte außerdem durchaus ein Bewußtsein davon, wenn sie vom Segmentierungsmodell abwich. In seinem bemerkenswerten Buch ›Honneur et Baraka. Les structures sociales traditionelles dans le Rif‹[1] beschreibt Raymond Jamous zum Beispiel, wie gewisse nordmarokkanische Stämme im Rahmen ihres Gewohnheitsrechts zwischen Situationen unterschieden, in denen es einen Mächtigen gab, der im Stammessegment eine beherrschende Stellung innehatte, und anderen Situationen, in denen es solche Mächtigen nicht gab. Dieser Gegensatz spielt schon bei Robert Montagne eine große Rolle; aber Jamous macht deutlich, daß man ihn sich nicht als starren Gegensatz zwischen egalitären bzw. oligarchischen Stam-

[1] Cambridge 1981.

mesrepubliken einerseits und kurzlebigen absoluten Despotien (die in der Tat manchmal entstehen) andererseits vorstellen darf, sondern vielmehr in Gestalt eines Spektrums, das viele Zwischenlösungen zuläßt. Dabei scheint die symmetrische Verteilung und Streuung der Macht eine Art Grundstellung, zu der diese Gesellschaft durch die Natur bzw. Beschränktheit ihrer Zwangsmittel (die dann erst durch die Welt der Moderne eine Verstärkung erfahren) prädestiniert ist und in die sie normalerweise immer wieder zurückkehrt, ohne eine stabile bzw. durchgängige Aristokratie, abgesehen von einer religiösen Elite, hervorgebracht zu haben. Das feudale Europa hatte sowohl einen Militäradel als auch eine religiöse Elite (und letztere war theoretisch weniger exklusiv als ersterer); die muslimische Stammesgesellschaft hatte nur die letztere, und sie war theoretisch exklusiv.

Die Vielfältigkeit, die das Gewohnheitsrecht von Stamm zu Stamm aufwies, und die anerkannten Divergenzen zwischen Gewohnheitsrecht und koranischem Gesetz ließen solche Stämme auch der menschlichen, gesellschaftlichen Wurzeln ihres eigenen Gewohnheitsrechts inne werden. Innerhalb ihrer eigenen Welt bildete es einen Gegensatz zum Göttlichen. Heute ist in manchen Ländern dieses Verhältnis natürlich politisch infiziert. Der durch das Stammesrecht gebildete Saum des göttlichen Gesetzes wird reduziert und zerstört, während der durch das moderne, städtische Recht gebildete Saum sich unvermeidlich ausdehnt.

Diejenigen, die im alten Stammessystem höher bzw. tiefer als die übrigen stehen – kraft Glaubensstärke, besonderer religiöser Stellung, spezialisierter handwerklicher Tätigkeit, Hautfarbe –, bilden relativ kleine Minderheiten. Der Großteil hingegen sind Menschen von ein und derselben Art. Eine nachdrücklichere politische Differenzierung fehlt entweder oder bleibt kurzlebig. Und dennoch gab es kein Chaos. Was, außer dem Segmentierungsprinzip einer oppositionellen Balancierung von

Gruppen auf verschiedenen Ebenen, hätte dergleichen bewirken können?

Darüber hinaus gibt es eine Vielzahl höchst auffälliger, weitverbreiteter, gut belegter und wesentlicher Einrichtungen, wie etwa die Blutrache, die kollektive Eidesleistung, die Grenzziehung beim Weideland, Vorzugsrechte in bezug auf die Brautnahme u. ä., die ohne die Voraussetzung angemessen stabiler segmentierter Gruppen mit eindeutiger und nicht allzu fließender Zugehörigkeit einfach sinnlos sind. Die Blutrache ist, wie das Fußballspiel, sinnlos, wenn man nicht weiß, in welcher Mannschaft man ist. Natürlich konnte man, was auch häufig geschah, seine Zugehörigkeit wechseln; das war weder den Beteiligten am System noch seinen Beobachtern ein Geheimnis. Die für den Übertritt nötigen Prozeduren waren wohlbekannt. Für diesen Zweck gab es und gibt es wohlvertraute Rituale. Diese Möglichkeit war Teil des Systems und eines seiner Zwangsmittel. Während meiner Feldforschungsarbeiten im marokkanischen zentralen Hochatlas beeindruckte mich die Entschiedenheit und Emphase, mit der Stammesangehörige bei der Unterhaltung über ihre eigene gesellschaftliche Organisation sich auf ein bestimmtes Prinzip beriefen: das Prinzip, daß es für jedermann absolut notwendig ist, seinen Platz unter seinen *Ait Ashra'a*, den Leuten der Zehn, einzunehmen, jenen Leuten, die beim kollektiven Eid die Mitverantwortung für den Betreffenden übernehmen und im Falle eines Falles das Blutgeld zahlen bzw. erhalten. Der Betreffende kann in der Tat die Zugehörigkeit wechseln. Wenn er an einen anderen Ort zieht, ist es tatsächlich für ihn das oberste und dringlichste Erfordernis, solch einen Platz zu finden, den er sich dadurch sichert, daß er seinen Gastgebern, oder jedenfalls einigen von ihnen, eine Scham-Verpflichtung auferlegt.

Aber während ein *Wechsel* der Zugehörigkeit möglich ist, bleibt die *Doppel*zugehörigkeit ausgeschlossen. Indem er einen neuen Platz findet, verliert der Betreffende stets den alten, und dafür sorgt unter anderem die Öffentlichkeit des Rituals, mittels dessen er seinen neuen Platz erlangt. Zu jedem beliebigen Zeitpunkt muß der unverwechselbare Platz, den jemand im System der Rechte und Pflichten innehat, unzweideutig klar sein. Was das Modell erfordert, ist nicht ein absolut starres System – das genaue Gegenteil ist gewünscht –, sondern nur dies, daß zu jeder Zeit genau definierte, identifizierbare Gruppen vorhanden sind, die aktiv werden können und auch werden.

Der Gebrauch des Segmentierungsbegriffs in der Sozialanthropologie, um den Zusammenhalt und die Aufrechterhaltung der Ordnung in Stämmen ohne Staat zu erklären, sollte von der erweiterten Verwendung unterschieden werden, die dieser Begriff in den Politischen Wissenschaften findet, wie etwa in John Waterburys ›Commander of the faithful‹.

Die Art und Weise, wie einander überlagernde stammesförmige Segmente ohne starke Führung sich in den Landregionen und Weidegebieten wechselseitig in Schach halten und balancieren, ist eines; ein anderes sind die wechselnden Intrigen von auf Protektion basierenden rivalisierenden Netzwerken, die ein opportunistischer Herrscher gegeneinander ausspielt. Zwischen den beiden Phänomenen mag es Ähnlichkeiten geben, und die Ausdehnung des Segmentierungsbegriffs hat zweifellos etwas Bestechendes: Aber zwischen den beiden Dingen besteht nichtsdestoweniger ein Unterschied.

Eine damit in gewissem Zusammenhang stehende Kritik ist die folgende: Das Modell geht von einer stammesförmig organisierten Landregion aus (unabhängig davon, wie die innere Organisation der Stämme dann dargestellt wird). Es geht von einer Interaktion, einer umfassenden dramatischen Handlung zwischen drei Arten von Mitspielern aus – Herrschenden, Städtern und Stammesangehörigen. Das wiederum impliziert die Behauptung, daß das Stammesleben bis zu den Stadtmauern reichte. Aber ist das nicht ein Märchen? Gab es denn nicht auch eine unterdrückte bäuerliche Bevölkerung ohne weitreichenden Stammeszusammenhang und -halt, die in der Gesamtgesellschaft eine Rolle spielte?

Ohne Frage gab es die. Ibn Khaldun selbst kommt auf ihre Existenz zu sprechen und merkt an, wie sehr ihr Vorhandensein das Regieren erleichtert. In einem Land wie etwa Ägypten machten die Nomaden weniger als ein Zehntel der Gesamtbevölkerung aus, und dieser Anteil ist in der Moderne natürlich noch gesunken. Augenscheinlich ist das Verhältnis von Land zu Land und von einer historischen Periode zur anderen sehr verschieden. Regionen, in denen der Bevölkerungsanteil, der sich billigerweise als stammesgebunden (d. h. als fähig, sich selbst zu verwalten und in vereinter Form sich selbst zu verteidigen) beschreiben läßt, sehr tief sinkt, wie Ägypten oder die nordwestlichen Teile des Osmanischen Reichs, entziehen sich ohne Zweifel dem Modell; woraus sich u. a. erklären mag, warum es in diesen Regionen so relativ starke und stabile Regierungen gibt. Die Existenz einer zwischen Städten und Stämmen eingeklemmten und häufig von beiden bedrängten bäuerlichen Bevölkerung als solche aber bedeutet noch keine wesentliche Veränderung, höchstens eine gewisse Komplizierung des Modells. Eine solche bäuerliche Bevölkerung war ohne Zweifel im Bereich des Fruchtbaren Halbmonds verbreiteter als im Maghreb oder auf der Arabischen Halbinsel, und innerhalb des Maghreb verbreiteter in Tunesien als in den beiden anderen Ländern. Für ihr Vorhandensein im nordwestlichen Teil der marokkanischen Atlantikebene und dementsprechend für die Unbrauchbarkeit eines nur auf Städte und Stämme beschränkten Modells plädiert ein interessanter Artikel von H. Munson jr. ›The mountain people of northwest Morocco. Tribesmen or peasants?‹[1]. Es ist amüsant festzustellen, daß eben das, was in bezug

[1] In: Journal of peasant studies.

auf Marokko als Beweis für die Existenz von Bauern dient – individueller Landbesitz, der Kauf und Verkauf von Land, das Fehlen handlungsfähiger korporierter Gruppen, Mobilität –, in einem anderen, sehr wichtigen Buch, in ›The origins of English individualism‹[1] von Alan Macfarlane, angeführt wird, um in bezug auf England die These von der *fehlenden* Bauernschaft zu untermauern. Offensichtlich hängt alles davon ab, ob man den Bauern Stammesangehörige oder Kapitalisten gegenüberstellt. Es ist ganz klar, daß es eine Bauernbevölkerung – unterworfene landwirtschaftliche Produzenten – tatsächlich gab; aber in den meisten Gegenden war ihre Zahl nicht so groß, daß sich dadurch an den Grundlagen des Spiels etwas geändert hätte.

Der schreckliche Türke

Ein weiterer Einwand gegen die Theorie, der von ganz anderer Art ist, ergibt sich einfach aus der Existenz des Osmanischen Reichs und der Mamlukenherrschaften im Nahen Osten, die dem Osmanischen Reich vorhergingen bzw. sich mit ihm überschnitten und etliche seiner Prinzipien vorwegnahmen. Ohne Zweifel sind die Türken ein Ärgernis. Sie außer acht zu lassen, weil sie Ibn Khalduns Theorie Lügen zu strafen scheinen, wäre sowohl unhöflich als auch eines Wissenschaftlers unwürdig. Das Osmanische Reich widerspricht dem Modell in einer Reihe von wichtigen Punkten[2]. Es war stabil, stark und langle-

---

[1] Oxford 1978.
[2] Siehe Bernard Lewis, The emergence of modern Turkey. Oxford 1968; Halil Inalcik, The Ottoman Empire. London 1973; Norman Izikowitz, Ottoman Empire and islamic tradition. New York 1972; Stanford J. Shaw, History of the Ottoman Empire and Modern Turkey. 2 Bde, Cambridge 1976–77; Kemal H. Karpat (Hrsg.), The Ottoman state and its place in world history. Leiden 1974.

big, und zwar nach universalen Kriterien, nicht nur nach denen einer muslimischen Gesellschaft. Außer in seiner Anfangsperiode, als einzelne, noch nicht vereinigte türkische Fürstentümer in Anatolien Belege für das geforderte Modell lieferten, bot es das Beispiel eines politischen Systems von großer Machtfülle, das nicht im Zusammenhalt einer schon vorher vorhandenen Stammesgruppierung gründete, sondern im Gegenteil auf einer ersichtlich nicht-stammesgebundenen Führungsschicht beruhte, deren Angehörige einzeln rekrutiert wurden (durch Sklavenkauf oder durch eine Besteuerung, bei der unterworfenen nicht-muslimischen Bevölkerungsgruppen zur Auflage gemacht wurde, aus ihrer männlichen Nachkommenschaft Rekruten zu stellen). Dieses Prinzip hatte es natürlich mit den Mamlukenregimen gemeinsam. Kurz, der politische Zusammenhalt an der Spitze wurde dadurch erreicht, daß man künstlich eine neue Führungsschicht schuf, die eigentlich aus »Sklaven« bestand, eine Schicht, die in idealer Weise frei von allen Sippenbanden war, die sie in ihrer Pflichterfüllung hätte behindern können, und die nicht der gemeinsam ertragenen Not des Stammeslebens, sondern einer systematischen Schulung und Erziehung für Kriege und Verwaltungsaufgaben entsprang. Demnach stand die Lösung, die das Osmanische Reich für das politische Problem fand, Platon näher als Ibn Khaldun, enthielt aber Elemente von beiden. Wie bei Ibn Khaldun hatten die Herrschenden oft einen Stammeshintergrund; aber wie bei Platon wurden sie mehr durch systematische Schulung als durch die Praxis des Stammeslebens geformt und, wenigstens theoretisch, gegen alle Verführungen durch Reichtum und Vetternwirtschaft abgeschirmt. Da sie theoretisch Sklaven waren, hatten sie, wenigstens zu Anfang, im Idealfall weder Sippe noch Reichtum, womit sie Platons, nicht aber Ibn Khalduns Qualifikationen für den Erwerb von Macht entsprachen. Tatsächlich errangen sie schließlich natürlich beides, und ihr Niedergang folgte der von Platon vorgezeichneten Bahn der Verführung durch Privatinteressen und Gewinnsucht. Im Ägypten des achtzehnten Jahrhunderts z.B. vermischten sich schließlich (der Schilderung von André Raymonds zufolge) Männer des Schwertes und Männer des Marktes, indem Kriegsleute anfingen, Handel zu treiben, und Kaufleute sich in militärische Ränge einkauften. Das ist ein vortreffliches Beispiel für den Platonschen Übergang von der Timokratie zur Plutokratie. Es zeigt außerdem, daß auch die türkische Lösung des Wächterproblems nicht imstande ist, dem Zahn der Zeit zu widerstehen, genausowenig wie die von Ibn Khaldun beschriebene und akzeptierte stammesförmige Lösung, wenngleich die Türken es immerhin geschafft haben, sehr lange an der Macht zu bleiben. Die innere Logik der Welt Ibn Khalduns schließt eine wie immer geartete wirksame Lösung des Verfallproblems aus. Immerhin waren die Türken bemüht, eine zu finden.

Während eine moderne Gesellschaft nur funktioniert, wenn zwischen Herrschenden und Beherrschtem eine kulturelle Gleichartigkeit zu bestehen scheint, ist es für einen traditionellen Staat im Gegenteil von Vorteil, wenn den Herrschenden eine kulturelle Eigenart zukommt bzw. zugeschrieben wird; und diese Eigenart waren die Mamluken auf dem besten Weg einzubüßen. Es scheint (einer Arbeit von Robert Mantran zufolge), daß es im frühen Osmanischen Reich sozusagen Mamluken *de robe* und Mamluken *d'épée* gab: Es gab Verwaltungssklaven ebenso wie Militärsklaven. Mit anderen Worten, seine neue Art, die Führungsschicht zu rekrutieren, ermöglichte es dem Staat, auf die beiden Schlüsselelemente des Ibn Khaldunschen Staatswesens (d.h. auf Stammesheer und städtische Geistliche) zu verzichten. Es hat fast den Anschein, als sei die osmanische Staatsordnung mit Vorbedacht darauf aus gewesen, sich von den beiden herkömmlichen gesellschaftlichen Grundlagen des muslimischen Staats unabhängig zu machen. Diese Neuerung war neben dem Umstand, daß er es in seinem Kernland eher mit seßhaften Bauern als mit Hirtennomaden zu tun hatte, vermutlich dasjenige, was ihn zu einer solchen Ausnahmeerscheinung werden ließ.

Um Oscar Wilde zu paraphrasieren, kann man mit einem Gegenbeispiel alles machen, nur nicht es erklären. Was diese Ausnahmeerscheinung zu solch einem Problem werden läßt, ist ihre Größe. Andere mächtige muslimische Staaten der Vergangenheit bereiten einer von Ibn Khaldun inspirierten Theorie keine derartigen Schwierigkeiten. (Es liegt eine gewisse Ironie darin, daß die Türken eifrige Schüler Ibn Khalduns waren und ihn als erste wiederentdeckten; aber allem Anschein nach befaßten sie sich mit ihm, um eine Erklärung für und ein Mittel gegen ihren eigenen Niedergang zu finden. Im Fall der anderen großen muslimischen Mächte gehorcht, alles in allem, die geringe Dauer der Dynastien und die Art und Weise, wie sie aufeinander folgen, dem klassischen Schema.)

Würde man versuchen, das Osmanische Reich durch den Verweis auf besondere Umstände zu erklären, gäbe es in der Tat einige spezielle Merkmale, auf die man sich berufen könnte. Für die Rekrutierung und Schulung einer Führungsschicht bildete das Osmanische Reich tatsächlich eine spezielle Technik aus. In seinem Schwerpunkt im westlichen Anatolien und auf dem Balkan hatte es eher mit einer seßhaften Bauernbevölkerung als mit Stammesvölkern zu tun. Ibn Khaldun wußte über diese Art Erscheinung Bescheid:

»In Ländern, die frei von Gemeinschaftsgeist sind, ist es leicht, eine Dynastie zu errichten und die Zügel zu halten … Dies ist gegenwärtig der Fall in Ägypten und Syrien, die (nunmehr) frei sind von Stämmen und von Gemeinschaftsgeist … Die königliche Macht in Ägypten ist äußerst friedvoll und fest verankert, weil Ägypten nur wenige … Stammesgruppen hat. Es hat einen Sultan und Untertanen. Seine Dynastie besteht aus den türkischen

Herrschern und ihren Gruppen. Sie bemächtigen sich einer nach dem andern der Herrschaft, und die Herrschaft pflanzt sich unter ihnen fort.«[1]

»Manchmal geschieht es in einer Dynastie, wenn sie die Altersschwäche überkommt ... daß der Herrscher Helfer und Parteigänger erwählt, die keine Stammesbrüder (der herrschenden Dynastie) sind, aber an Härten gewöhnt ... Dies geschah bei der türkischen Dynastie im Osten. Der überwiegende Teil ihrer Armee bestand aus türkischen Klienten. Die (türkischen) Herrscher wählten dann unter den weißen Sklaven (Mamluken), die ihnen zugeführt wurden, Reiter und Soldaten aus. Diese waren kühner in bezug auf den Kampf ... als die Nachkommen der Mamluken vor ihnen, die unter leichteren Umständen als Herrscherklasse im Schatten der Regierung aufgewachsen waren.«[2]

Mehr noch hatten es die Osmanen in vielen Fällen mit Bevölkerungen zu tun, denen ihre Andersgläubigkeit die Möglichkeit nahm, mit den Herrschenden um die Macht im Staat zu konkurrieren. Eine der aufschlußreichsten Episoden in der osmanischen Geschichte ist die von der Balkanbevölkerung, die bereit war, den Islam anzunehmen, allerdings nur unter der Bedingung, daß sie dadurch *nicht* von der Knabensteuer *(devširme)* ausgenommen wurde, der normalerweise die Nicht-Muslime unterworfen waren. Sie wollten sich ihre Verbindungen zu einer nominell nicht-sippengebundenen Führungsschicht erhalten. Offensichtlich erschien ihnen diese Einrichtung mehr als ein ehrenvolles Stipendiensystem denn als eine drückende Besteuerung.

Zum anderen könnte man geltend machen, daß Ibn Khalduns Modell zwar nicht im Zentrum des Reichs, wohl aber in seinen nur unvollständig beherrschten, ausgedehnten Randgebieten Anwendung fand. Dieses Argu-

---

[1] Ibn Khaldun, Muqaddimah I., S. 334.
[2] Ebd. I., S. 342.

ment ist allerdings leider zweischneidig. Während es sich in manchen Provinzen so verhält, gibt es andere, die auf lokaler Ebene das Zentralsystem nachahmten, wobei eine fremde, mamlukische oder türkische oder »tscherkessische«, ausgesuchte Führungsschicht die entsprechende politische Funktion erfüllte. Das funktionierte häufig gut[1]. Es ließe sich geltend machen, daß die Gebiete, in denen es funktionierte, wie etwa Tunesien oder Teile des Fruchtbaren Halbmonds oder Ägypten, einen im Vergleich mit den Stammesvölkern hohen Anteil an ausbeutbarer Bauernbevölkerung aufwiesen. Das mag so sein, erklärt allerdings nicht, warum dieses System auch in Algerien funktionierte.

Zur Rechtfertigung ihres Systems entwickelten die Türken eine eigene politische Philosophie, die sie um das fünfzehnte Jahrhundert unter dem suggestiven Titel eines »Kreislaufs der Gerechtigkeit« kodifizierten. Dieser Kreislauf war mitnichten der von Ibn Khaldun beschriebene. Er war höchst einfach: Die Untertanen konnten Reichtum nur anhäufen, wenn Gesetz und Ordnung herrschten. Dafür konnte allein der Staat sorgen. Aber der Staat brauchte Geld, um existieren zu können. Wohlhabende Untertanen lieferten die Steuern, mit denen der Staat sich unterhalten ließ. Ein starker, wohlversorgter Staat bot den Schutz, der nötig war, um mehr Reichtum zu produzieren, der sich wiederum besteuern ließ. Unserem heutigen Empfinden nach ist diese Theorie anstößig.

[1] Siehe L. Carl Brown, The Tunisia of Ahmad Bey 1837–1855. Erster Teil, Princeton 1974; David Ayalon, Studies of the Mamluks of Egypt 1250–1517. London 1977. Zu späteren Formen sozialer Organisation unter den Mamluken siehe André Raymond, Artisans et commerçants au Caire. 2 Bde, Damaskus 1973; oder Roger Owen, Einleitung zu Abteilung II, in: T. Naff u. R. Owen, Studies in eighteenth century Islamic history. Southern Illinois UP 1977. Zu Tunesien von unten gesehen siehe L. Valensi, Fellahs tunisiens. Paris 1977. Zu den Besteuerungsformen in Algerien unter den Türken siehe Peter von Sivers, Economic ethics in the Maghrib. Algeria and Tunisia in the early nineteenth century. Zu einer vergleichenden Studie über die nordafrikanische und die türkische Entwicklung siehe das Gemeinschaftswerk zu diesem Thema von S. Mardin und W. Zartman.

Sie schließt die Produzenten von der Teilnahme am politischen Leben und die Herrschenden von der Beteiligung an der ökonomischen Tätigkeit aus. Aber für die Beurteilung der Frage, ob sie für die Epoche, im Blick auf die sie formuliert wurde, zutreffend ist, ist das ohne Belang.

Von Belang ist hingegen dies: Überall da, wo, und in dem Maß, wie die Ibn Khaldunsche Beschreibung zutrifft, ist diese zweigliedrige Theorie vom Kreislauf der Ressourcen ein Fall von falschem Bewußtsein, eine irreführende Darstellung, und impliziert sie die einer Art von politischer *pudeur* entspringende Unterschlagung eines dritten, ebenso anstößigen wie wesentlichen Moments: jener unkultivierten, dissidenten Stammesgruppen, die nichts zum Staatswohl beitrugen. Vor diesem verwerflichen Phänomen schließt der Theoretiker die Augen. Das wirkliche Kräftegleichgewicht, das effektive Komplementärverhältnis hat mindestens die Form eines Dreiecks. Die städtischen Kaufleute und Handwerker zahlen dem Herrscher Steuern nicht bloß, weil sie ihn selber fürchten, sondern weil sie sogar noch mehr Angst vor den Stammeswölfen haben. Der Herrscher lebt von den Städtern und von der unterworfenen Bauernbevölkerung im Umkreis der Städte, soweit sie für ihn erreichbar ist; und wenn alles so ist, wie es sein soll, ist er stark genug, um sie vor den Raubzügen der Stämme zu schützen. Die Stammesangehörigen haben genug Bedarf nach Produkten aus der Stadt, um sie in die städtische Marktwirtschaft einzubinden; und auf diesem Wege tragen sie zur Erhaltung des städtischen Handwerks bei. Die Stammesangehörigen sind gezwungen, Handel zu treiben, weil normalerweise der Staat stark genug ist, um sie von Raubüberfällen auf die Stadt abzuhalten, wobei die Stadt faktisch aus einem Markt, einer Moschee und einer Burg zur Verteidigung beider besteht. Die Moschee und ihre Gelehrten bzw. Lehrer liefern die Bestätigung für das gesamte Arrangement und verschaffen den daran Beteiligten ein gemeinsames Idiom, auch wenn letzteres von den verschiedenen Parteien mit unterschiedlichem Ton und Akzent verwendet wird. Wenn einerseits die durch die Stämme erzeugte Furcht dazu beiträgt, die Städte regierbar zu machen, so flößt andererseits die moralische Autorität, die die Bildung der städtischen Gelehrten Stadt und Staat verleiht, bis zu einem gewissen Grad den Stämmen Ehrfurcht ein, wenngleich das zweischneidig ist: Die unitarische Schriftgläubigkeit, die die Stammesangehörigen in ihre Schranken weist, gestattet und rechtfertigt gelegentlich auch revolutionäre Erneuerungsbewegungen, bei denen die Stämme mitwirken und aus denen einige von ihnen Vorteil ziehen.

So hat also dieser eigentümliche Nachtwächterstaat ein ganz schönes Stück Arbeit zu leisten. Er sorgt nicht nur für die Aufrechterhaltung der Ordnung im Innern; er muß auch das Innere nach außen verteidigen. Der Glaube ist dabei gleichermaßen hilfreich und bedrohlich. Er verdammt die Gottlosigkeit des Aggressors, aber auch der Herrscher selbst kann durch eine Koalition von Verehrung genießenden Gelehrten und Zusammenhalt beweisenden Stammesgruppen der Gottlosigkeit angeklagt werden.

Wozu überhaupt Stadt und Staat, könnte man fragen, wenn doch die Stämme selbständig existieren können? Wozu braucht es die Stadt? Und wozu braucht es den Staat? Die in einem gegenseitigen Ergänzungsverhältnis stehenden Antworten auf diese Fragen lassen sich wiederum in Ibn Khalduns entscheidender Bemerkung finden, daß das flache Land die Städte brauche, nicht aber diese jenes. In der Trockenzone setzt die allgemeine Ökologie des kulturellen, militärischen wie auch im engeren Sinne produktiven Bereichs, ihrem Entwicklungsstand entsprechend, handwerkliche Produktion und Handel voraus. Eine wirklich kleine Gruppe von Kleinhandwerkern und Händlern kann einfach unter dem Schutz eines einzelnen Stammes leben, wie etwa farbige Schmiede, Töpfer, Färber usw. am Fuße der Mauern einer gemeinsamen Stammesfestung im Atlas lebten. Aber solche kleinen Siedlungen reichen nicht aus. Ein wirklich großer Markt, mit ernsthaftem Handel und massiver handwerklicher Produktion, stellt das dar, was man Stadt nennt; und sie braucht einen wirksameren und dauerhafteren Schutz, den nicht schon *ad hoc* vorgenommene Stammesaufgebote bzw. die Verpflichtung des Stammes bieten können, Angriffe gegen diejenigen, die unter seinem Schutz leben, zu ahnden. Die organisierte Macht, die einen solchen Schutz bietet, nennt man Staat. Die einzige Quelle, die solch eine Macht hervorbringen konnte (bis zur Erfindung des mamlukischen und *devširme*-Systems als eines alternativen Modells der Rekrutierung einer Führungsschicht), war die Stammeswelt selbst. Ein Stamm oder eine Stammeskoalition war potentiell eine herrschende Klasse. Der Islam stellt für die Aufrechterhaltung und gelegentliche personelle Erneuerung dieses Systems eine bewunderungswürdige Sprache zur Verfügung. Es bleibt aber eine unbestreitbare Tatsache, daß es im Zentrum ihres Reichs den Türken lange Zeit gelang, den einen der drei Mitspieler auszuschalten und das politische Rad in seinem Umlauf zu stoppen. Sie entrannen dem Ibn Khaldunschen Schicksal, jedenfalls eine geraume Zeit lang.

Man könnte im Anschluß an Perry Anderson[1] den Ibn Khaldunschen und den mamlukisch-türkischen Staat als zwei Stadien ein und desselben Prozesses behandeln, wobei dann der letztere nur »die entwickeltste und raffinierteste Form« dessen wäre, »was sich überall in der muslimischen Welt findet«. Dieser Ansicht nach ist die osmanische Lösung die einzige natürliche Vollendung des im Stammeswesen gründenden Staates, weil sie die einzige Lösung für dessen Probleme darstellt. Als Herrschende *hielten* sich die Stammesangehörigen einfach nicht gut, deshalb war es nötig, sie durch ein anderes Personal zu

[1] Lineages of the absolute state. London 1974.

ersetzen, das man sich durch Kauf, Besteuerung oder sonst eine gangbare Methode beschaffte. Unglücklicherweise kann Andersons Ausweg nicht erklären, warum die Sache nur im Fall des Osmanischen Reichs gut funktionierte. In der Welt Ibn Khalduns ist es eine unumstößliche Tatsache, daß die Rekrutierung von nicht-stammesgebundenen Söldner- oder Sklaventruppen die Krankheit eines im Niedergang begriffenen Staatswesens nur verschärft.

Wahrscheinlich ist es das beste, man macht überhaupt nicht erst den Versuch, das Phänomen wegzuerklären, sondern akzeptiert es als ein alternatives Modell: Im Rahmen der allgemeinen Bedingungen, denen die muslimische Zivilisation gleichermaßen auf Grund ihrer Natur und ihrer technischen und kulturellen Ausstattung unterliegt, gibt es mindestens zwei Lösungsmöglichkeiten für das Problem politischer Organisation. Die eine hat Ibn Khaldun erforscht, und bei ihr steuern die Stämme die politische Begabung bei, während die Städte die kulturelle und technische Ausstattung liefern, wobei dann die Symbiose dieser zwei Faktoren zu jenem charakteristischen zyklischen Personalaustausch führt, den Ibn Khaldun beschrieben hat. Der exklusive Charakter der Zusammenhalt stiftenden Macht der Sippenbande findet in gewisser Weise seine Bestätigung in dem Umstand, daß in vormodernen Zeiten die Bürokratie, die zur Sippe den genauen Gegensatz bildet, ihre Angehörigen vorzugsweise aus Priestern, Eunuchen, Sklaven oder Ausländern rekrutierte – aus Leuten, die in der einen oder anderen Form einer wirklichen, anerkannten oder gesellschaftlich relevanten Abstammung oder Nachkommenschaft entbehrten. Erst die Moderne hat es dahin gebracht, daß jedermann in bürokratischen Funktionen verwendbar, daß das mamlukische Verhältnis universal wird.

Das andere Modell also, das sich im Nahen Osten allmählich herausbildete – Ibn Khaldun hatte es ja im Anfangsstadium erlebt und registriert –, erreichte seinen höchsten Perfektionsgrad bei den Osmanen. »Bis zum elften und zwölften Jahrhundert waren Sklavensoldaten... zur vorherrschenden militärischen und verwaltungstechnischen Führungsschicht in allen Staaten des Nahen Ostens geworden.«[1] Die Nachahmung dieses Systems außerhalb des Reichs war nicht durchgängig erfolgreich: Der Versuch der marokkanischen Monarchie z. B., sich einen festen Rückhalt dadurch zu verschaffen, daß sie sich auf ein Heer aus schwarzen Sklaven, statt auf privilegierte Stämme stützte, erwies sich als fruchtlos. Das Sklavenheer überdauerte nur in der Form einer berittenen schwarzen Palastgarde. Während der Zeit der Franzosenherrschaft hatte dieses zeremonielle Korps in der alljährlichen Parade zum 14. Juli einen Ehrenplatz inne – ein bizarres Stück Symbolik.

Handel, Staat und Nüchternheit

Es ließe sich etwa auch gegen die skizzierte allgemeine Theorie dies einwenden, daß sie zu leichtfertig einen Zusammenhang herstellt zwischen dem Aufkommen städtischer Zentren und städtischen Handels einerseits und dem Sinn für eine nüchterne, gelehrsame, unitarische Religion andererseits. Ein solcher Zusammenhang scheint uns natürlich, ob nun unter dem Einfluß der langen Tradition des alttestamentarischen Monotheismus oder dem der Max Weberschen Soziologie oder aber beider: »Die bürgerliche Religiosität scheint ihren Ursprung in dem städtischen Leben zu haben; in der Stadt verliert die religiöse Erfahrung des einzelnen allmählich den Charakter eines ekstatischen Trancezustandes oder eines Traumes

[1] I. Lapidus, The evolution of Muslim urban society. In: Comparative Studies in Society and History 15 (Januar 1973) 3. Siehe auch Patricia Crone, Slaves on horses. Cambridge 1980.

und nimmt die blasseren Formen des kontemplativen Mystizismus an. Die ständige Arbeit für Kunden kann beim Handwerker zur Entwicklung von Begriffen wie ›Pflicht‹ und ›Vergeltung‹ als Grundeinstellungen gegenüber dem Leben führen.«[1]

Die Annahme eines wahlverwandtschaftlichen Verhältnisses zwischen bürgerlichem Lebensstil und religiöser Nüchternheit und Strenge mag indes durchaus ein Stück jüdisch-protestantischen Ethnozentrismus darstellen. Vielleicht ist diese Merkmalsverknüpfung weit entfernt davon, in der Natur der Sache zu liegen und deshalb in ihrem Auftreten in bestimmten Kulturen per se verständlich zu sein. Vielleicht ist sie vielmehr ein spezifisches Charakteristikum der betreffenden Kulturen bzw. in den letzteren in besonders ausgeprägter Form angelegt. Dieser Ansicht scheint Marshall G. S. Hodgson zu sein: »Die islamische Hochkultur war ... sogar noch urbaner als die meisten verstädterten Agrarkulturen ... In ihrer Urbanität war die islamische Kultur auch in hohem Maße abhängig von einem städtischen Populismus, der das Monopol auf kulturelle Legitimation hielt.«[2]

Ein derartiges vollständiges oder annäherndes Legitimationsmonopol, selten, wenn überhaupt, gepaart mit einem Machtmonopol oder auch nur mit nennenswerter Macht, ist für die damit befaßte Soziologie das zentrale erklärungsbedürftige Problem.

Nicht alle Handel treibenden und hierin erfolgreichen Stadtbevölkerungen sind tatsächlich aber rituellen Ausschweifungen abgeneigt. Die nepalesischen Newars liefern *die* kommerzielle Erfolgsstory des Gurkhareichs; aber dabei gehören sie wohl zu den festwütigsten Leuten auf der Welt. Katmandu hat eine gewisse Ähnlichkeit mit Venedig, seine Paläste und Tempel schreien geradezu danach, einem Karneval als Schauplatz zu dienen, und tat-

[1] R. Bendix, Max Weber. Das Werk. München 1964, S. 76.
[2] The venture of Islam.

sächlich können in dieser Hinsicht weder italienischer Stadtstaat noch griechische Handelskultur der Stadt das Wasser reichen. Oder man betrachte etwa den Gegensatz zwischen muslimischen Malaien und Überseechinesen. Eine malaiische Dorfmoschee sieht aus wie ein gutgepflegter Kricket-Pavillon außerhalb der Saison – sauber, leer und ostentativ frei von Götzenbildern. Im Gegensatz dazu erinnern die chinesischen Dorffeste stark an eine Dorfkirmes in einem jener Länder Mitteleuropas, die unter der Herrschaft der Gegenreformation standen, ehe sie kommunistisch wurden, und wo unverblümt jene Mischung aus Heiligem, Profanem und Kommerziellem, begleitet von jeder Art Irrationalismus, zur Schau gestellt wurde, die von Operndarbietungen, Glücksspielen und Freßgelagen bis zu systematischen Versuchen einer Beeinflussung der überirdischen Mächte, und zwar der überirdischen Mächte in gleichzeitig einander widerstreitenden Formen, reichte. Einmal abgesehen von den Auswirkungen, die solch eine Vermengung auf die Religion hat, würde man meinen, daß sie schwerlich den langfristigen Handelsinteressen und dem rationalen Handelsethos förderlich sein kann. Ein Soziologe Weberscher Provenienz würde aus alledem rasch den Schluß ziehen, daß offensichtlich die Malaien den Typ des kalvinistischen erfolgreichen Unternehmers repräsentieren, wohingegen die spirituell beeinflußbaren, eklektischen und opportunistischen Überseechinesen nicht minder offensichtlich ökonomisch unbegabt und unfähig sind[1].

Kurz, der Verbindung von kommerziell und puritanisch eignet eine innere Plausibilität, die nicht durch alle Tatsachen gestützt wird. Das *Verstehen* kann uns gelegentlich dabei behilflich sein, Zusammenhänge einsichtig zu finden, die sich dann beim ersten besten Beispiel irritierenderweise gar nicht vorhanden zeigen. Ver-

[1] Siehe auch, zum Vergleich mit anderen Gebieten, Abner Cohen, Customs and politics in urban Africa, London 1969; ebenfalls Syed Hussein Alatas, Religion and modernization in Southeast Asia. In: European Journal of Sociology (1970) 2.

hält es sich aber so, ist es vielleicht ungerechtfertigt, diese Art von »bedeutsamem« Zusammenhang als eine selbstevidente Voraussetzung gelten zu lassen.

Aber es ist nicht nur die Natur dieser gelehrten handeltreibenden Bourgeoisie als solcher, die ein Problem bildet. Auch die Gleichförmigkeit, die im Rahmen des Islam diese Bourgeoisie durch viele Länder und Erdteile hindurch aufweist, und die Frage, aus welcher Quelle sie ihre erstaunliche Autorität schöpft, stellen bemerkenswerte Probleme dar. Diese Klasse von Gelehrten kann nicht zwischen dem einen oder anderen Herrscher, der einen oder anderen Dynastie frei wählen, sie ist gezwungen, den jeweils Stärksten zu akzeptieren; sie kann auch nicht aus eigener Kraft die Stammeswölfe von den Stadtmauern fernhalten; aber sie kann nichtsdestoweniger ihre Grundhaltung und ihre Werte der Gesellschaft zur Auflage machen und tut das auch. In den Städten geben sie ziemlich wirksam den Ton an. Innerhalb des Schiismus erfährt die Autorität der Gelehrten durch die »Verborgenheit« des heiligen Führerprinzips gelegentlich noch eine Verstärkung[1]. Wenn das heilige Führerprinzip erkennbar Fleisch geworden ist, setzt es sich unter Umständen an die Stelle der Gelehrten; wenn es hingegen quasi-offiziell verborgen ist, beläßt es bis zur nächsten göttlichen Erscheinung die faktische Autorität in ihren Händen und macht sie ihnen nicht streitig. Der schiitische Gott ist nicht so sehr ein verborgener Gott, als vielmehr einer, der mit den Menschen Verstecken spielt.

Unter den Stämmen sind die Gelehrten tonangebend, jedenfalls insoweit, als sie einem abstrakten Ideal zur Anerkennung verhelfen, das letztlich, auch wenn die ihm

---

[1] Siehe Said Amir Arjomand, Religion, political action and legitimate domination in Shi'ite Iran. 14th to 18th Centuries A.D. In: European Journal of Sociology (1979); ferner sein The Shi'ite hierocracy and the state in pre-modern Iran, 1785–1890; N. Keddie, Iran. Religion, politics and society. London 1980; Ch. Bromberger, Islam et révolution en Iran. In: Revue de l'occident Musulman et de la Méditerrannée 29 (1980).

erwiesene Ehre eher in seiner Verletzung als in seiner Befolgung besteht, als gültig akzeptiert wird und als wert, ihm gelegentlich Gefolgschaft zu leisten, *falls* oder wenn nämlich dabei auch irgendeine Kriegsbeute oder ein politischer Vorteil winkt. Dieses Ideal spielt so im Leben der Stämme eine hochwichtige, wenn auch immer nur zeitweilige Rolle. Es beinhaltet keine Einspruchsmacht gegen Personen, aber es scheint diese Macht gegenüber Institutionen und Stilformen zu verleihen und wirksam werden zu lassen. All diese Einheitlichkeit und all diesen Einfluß gewinnen die Gelehrten ohne irgendwelche Zwangsmittel, ohne irgendein Oberhaupt, eine formale Hierarchie, ein Zentralsekretariat, ja sogar ohne irgendeine Art Konzilsbewegung oder Versammlung bzw. Kollegium, deren Aufgabe es wäre, in Fragen der Rechtgläubigkeit zu entscheiden. Es ist erstaunlich, daß dieses soziologische Wunder nicht mit größerem Nachdruck als Beweis für die Wahrheit des islamischen Glaubens geltend gemacht wird[1].

Wir, die wir nichtsdestoweniger auch nach irdischen Erklärungen suchen, können nur die Richtung angeben, in der diese sich möglicherweise finden lassen. Die zentrale Stellung, die die Pilgerfahrt nach Mekka einnimmt, trägt dazu bei, daß exzentrische Entwicklungen rasch bekannt werden. Die Betonung der Einzigartigkeit und vor allem der Endgültigkeit der göttlichen Botschaft trägt zur Etablierung einer einigermaßen unzweideutigen, transethnischen und transpolitischen Verhaltensnorm bei, die dem Zugriff, jedenfalls dem mühelosen, durch eine opportunistische Einflußnahme entzogen ist. Die völkerüberschreitende Qualität des Worts wurde vielleicht noch dadurch verstärkt, daß für viele muslimische Staaten die heiligen Stätten und also auch die dorthin führende Pilgerfahrt außerhalb der politischen Grenzen und des Machtbereichs des jeweiligen Herrschers lagen und damit

---

[1] Ein Wissenschaftler, der das Ausmaß dieses Problems erkannt hat und sich bemüht, den inneren Zusammenhängen dieser moralischen Herrschaft der Intellektuellen nachzugehen, ist Gilbert Delanoue.

in einem gewissen Sinn die gesellschaftliche Transzendenz des Quells aller Legitimation symbolisch darstellten. Beim Schiismus hatte vielleicht der Umstand, daß die heiligsten Wallfahrtsstätten häufig außerhalb des Gebiets *des* schiitischen Staats lagen und daß es ansatzweise zu einer gewissen Trennung zwischen Staat und Geistlichkeit (bzw. zwischen einer politischen und einer populistischen Geistlichkeit) kam, eine ähnliche Wirkung. Aber der entscheidende Schlüssel zum Verständnis ist vielleicht doch soziologischer Natur und muß in jener überraschenden Bemerkung Ibn Khalduns gesucht werden, in der er feststellt, daß die Stämme die Städte brauchen, nicht aber umgekehrt. Die Gesamtgesellschaft scheint unter der Voraussetzung einer technischen und kulturellen Ausstattung zu stehen, durch die die Städte unentbehrlich werden; während die andauernde Präsenz eines nicht unterworfenen Stammesproletariats außerhalb der Städte für das Vorhandensein eines Potentials an militärischer Macht sorgt, das bei Gelegenheit, wenn die ideologische Situation danach verlangt, mobilisiert werden kann. Eine unabhängige Ideologie in den Händen der Bürger, und bei den Stämmen ein unabhängiger Schwertarm ... Die mögliche Verbindung dieser beiden Kräfte schafft ein Strafmittel gegen die Herrschenden und hält sie dazu an, dem Guten Geltung zu verschaffen und dem Bösen zu wehren. Die Tatsache, daß die beiden Faktoren, die es braucht, um das Strafmittel in Wirkung zu setzen, tatsächlich bei Gelegenheit zusammentreffen können, hält die Neigung zu bestimmten gesellschaftlichen und politischen Überspanntheiten in gewisser Weise wirklich im Zaum und schreckt andererseits vom Versuch ab, auf das heilige Wort politischen Druck auszuüben, was wiederum dessen Autorität vergrößert.

Vielleicht läßt sich die Ibn Khaldunsche Zivilisation in ihrer Gesamtheit folgendermaßen charakterisieren: Es handelt sich dabei um eine zusammenhängende und weit ausgedehnte Gesellschaft, mit einer technischen und kulturellen Ausstattung, die Handel und Städte voraussetzt und die die Landbevölkerung in einem gewissen Maß abhängig von städtischer Produktion und städtischen Dienstleistungen werden läßt. Ein schriftgläubiges religiöses Bekenntnis ist Ausdruck dieses Zustands und verstärkt ihn zugleich. Die Städte sind ohne ein gewisses Maß an politischem Schutz und also an Zentralisierung nicht lebensfähig; dafür zahlen sie den Preis, daß sie sich dem Herrscher unterwerfen und für seinen Unterhalt aufkommen müssen. Gleichzeitig aber erlaubt die militärische und verwaltungstechnische Ausstattung, über die diese Zivilisation verfügt, dem Staat keine effektive Herrschaft über das flache Land, besonders wenn das betreffende Gebiet wüstenartig oder gebirgig und die dadurch begünstigte Lebensform die von Hirtennomaden ist. Das bringt nun jene ineinander eingebetteten und segmentierten, auf gegenseitiger Hilfeleistung beruhenden Verbände hervor, die wir Stämme nennen; die den mittelmeerischen Völkern gemeinsame Wertschätzung für das agnatische Prinzip läßt diese sich gewöhnlich durch ihre patrilineare Abstammung definieren, unbeschadet aller internen Kompromißlösungen, die es tatsächlich gibt. (Die Betonung der Patrilinearität mit ihrer Ausschließung der Frauen von der Erbfolge gerät in einen gewissen Widerspruch zur buchstabengetreuen Anwendung des koranischen Gesetzes, das für Töchter die Hälfte des für Söhne bestimmten Anteils vorsieht.) Die Stärke dieser Gruppen sorgt wiederum für den Fortbestand des Systems, indem sie dazu beiträgt, den Staat schwach zu erhalten. Sie bildet auch ein Zwangsmittel, das der Bewahrung des Glaubens dient, weil ein Herrscher, der Anlaß zum überzeugenden Vorwurf religiöser Lässigkeit gäbe, damit zugleich Gefahr liefe, ein Bündnis zwischen den städtischen Wächtern über Legitimität und Rechtgläubigkeit und dem außerhalb der Stadtmauern vorhandenen Reservoir an politisch-militärischem Talent heraufzubeschwören.

Und da ist noch ein anderes Problem, das mit dem

obigen zusammenhängt, aber nicht identisch ist, und das erst jetzt, im Ergebnis einer sich anhäufenden sozialanthropologischen Forschung, deutlich wird: daß es nämlich nicht nur die städtische und auf der Schrift basierende Haupttradition ist, die im Islam, ungeachtet aller geographischen Entfernung und des Fehlens aller Zwangsmittel, eine signifikante Gleichartigkeit zeigt, sondern daß auch die ländlichen Traditionen und Volksüberlieferungen untereinander erstaunliche Ähnlichkeiten aufweisen. Früher gab es eine Tendenz, diese in ihrer Orthodoxie zweifelhafte Tradition als lokale »vorislamische Überbleibsel« zu beschreiben. Aber es wäre seltsam, wenn die vorislamischen Kulturen, sagen wir, in Südarabien und im marokkanischen Atlas einander so ähnlich wären wie die nicht-orthodoxen Bestandteile des Brauchtums in diesen und anderen Regionen das zu sein scheinen. Vielleicht breiteten sich heterodoxe Praktiken analog zur orthodoxen Lehre aus; oder aber es bildete, wie ich eher geneigt bin anzunehmen, der Komplex kultureller und organisatorischer Eigenschaften, aus denen Schrift- und Volkstradition bestanden, eine Einheit, die, wenn überhaupt, so als ganze sich ausbreitete und in der die weniger orthodoxen Bestandteile eine gesellschaftlich notwendige Ergänzung der orthodoxen darstellten und durch die letzteren zwangsläufig hervorgetrieben wurden.

Nomaden ohne Heilige

Einwände gegen das Modell lassen sich auch von der ländlichen oder Stammesseite her vorbringen. So etwa scheint zwar die Überlegung, die zwischen segmentierter Stammesorganisation einerseits und der Verwendung eines aus religiösen Spezialisten bestehenden Personenkreises bzw. einem besonderen Sinn für rituelle Anlässe andererseits einen Zusammenhang herstellt, überzeugend und trifft auch ohne Frage für einige muslimische stammesförmig organisierte Ackerbaugesellschaften zu. Aber wenn man ihr entgegenhält, wie spärlich, den Berichten zufolge, in manchen muslimischen Nomadengesellschaften dieser mit Ritualaufgaben oder mit der Verkörperung des Heiligen betraute Personenkreis vertreten ist, scheint jene Überlegung mindestens oberflächlich[1]. Die Daten lassen sich hier wahrscheinlich unterschiedlich interpretieren. Die Beduinen auf der Kyrenaika z.B. hatten zum einen ihren eigenen kleinen *marabṭin bi-/-baraka* und hießen zum anderen das religiöse Führertum der Sanusi willkommen[2].

Es ist der Hirtennomadismus, der, ohne daß direkter Zwang ausgeübt würde, Gesellschaften in die Richtung auf eine segmentierte Organisation hin treibt, die dann in einer Art von Osmose auf angrenzende Ackerbaugesellschaften übergreift, wobei sie diese mit hirtennomadischem Geist durchtränkt und sie zur Nachbildung einer Organisationsform zwingt, die ihnen ermöglicht, sich selbst zu verteidigen. In meinen Überlegungen habe ich Gewicht auf die Art und Weise gelegt, wie der Hirtennomadismus die Segmentierung und diese eine auf dem Personenkult basierende Religiosität fördert, insofern sie nämlich ein Heiligenpersonal erfordert, das zwischen den segmentierten Gruppen die Grenzen markiert und die Interessen vermittelt. Mit Rücksicht auf den Umstand, daß der Kult lebender Heiliger am besten in seßhaften oder halbseßhaften Gruppen gedeiht, bei denen anerkanntermaßen die Weidewirtschaft zwar eine wichtige,

[1] Zum Beispiel sieht sich Richard Tapper bei seiner Arbeit über die Nomaden im Iran durch die geringe Zahl anderer Rituale zu der Annahme veranlaßt, daß der Zustand größter Erregung, der der jährlichen Wanderung vorausging, selbst eine Art von Ritual sei und den Zwecken diene, die Durkheim mit dem Ritual verknüpft. Siehe Pasture and politics. Economics, conflict and ritual among Shahsevan nomads of Iranian Azarbayjan. New York 1979.

[2] E. Peters, The proliferation of segments in the lineage of the bedouin of Cyrenaica. In: Journal of the Royal Anthropological Institute 90, Teil 1 (1960); E. E. Evans-Pritchard, The Sanusi.

aber nicht die ausschließliche Beschäftigung ist, ist es vielleicht nötig, diese Überlegungen durch die Einfügung eines weiteren Reflexionsschritts zu verfeinern. In Nordafrika scheint das Heiligenkonzept unter Berbern, die eine auf Viehtrieb basierende Weidewirtschaft betreiben, stärker ausgebildet als unter den strenger nomadischen Arabern, und wo die Stämme sich vermischen, wie das in manchen Teilen der Sahara geschieht, sind es die Berber, die den Status von Leuten der Schrift zugeschrieben bekommen, und die Araber, die als Leute des Schwerts figurieren. (Dies ist eher eine theoretische oder ideelle Zuschreibung, als daß eine echte Arbeitsteilung damit bezeichnet würde. Stämme der Schrift stellen die religiösen Spezialisten, aber kämpfen im übrigen wie die anderen auch.) Dann gibt es auch noch die in der Forschung eigentümlich zu kurz gekommene Frage nach der gesellschaftlichen Organisation in den Oasen, die Elemente aus der Organisation der Städte, der Stämme und der unterworfenen Bauernbevölkerung in sich vereint.

Oder es wird auch manchmal gegen das vorgelegte Modell eingewandt, daß es so etwas wie einen »Puritanismus der Wüste« gebe, der vom bürgerlichen Puritanismus zu unterscheiden sei. Das klingt plausibel, jedenfalls für einen Gelehrten aus der Stadt, der sich vorstellt, daß er auch in der Wüste ein Puritaner wäre, und sei's auch nur aus Mangel an anderen Unterhaltungsmöglichkeiten. Überlegungen nach dem Muster »Wie wäre mir in der Wüste zumute?« reichen mindestens bis zu Herder zurück. Tatsache ist, daß die Führung puritanischer Erneuerungsbewegungen, auch wenn diese selbst ihre militärische Stärke hirtennomadischen Völkern verdanken, von anderswoher kommt. Die Wahhabiten stammten aus den Stadtgemeinden des Nedschd[1]. Die Fulani waren der

---

[1] Siehe Donald P. Cole, The nomads of the nomads. Chicago 1975. Oder etwa: »Der Kern der Armee, mit der Ibn Sa'ud zuerst die Türken aus dem Nedschd vertrieb, setzte sich aus Städtern zusammen.« John S. Habib, Ibn Sa'ud's warriors of Islam.

Schwertarm und (zu Teilen) die Nutznießer von Osman dan Fodios puritanischem Dschihad, aber *bei sich* zu Hause, in der Steppe, sind sie weiterhin für ihre religiöse Lässigkeit bekannt. *Er* war es, der für den Puritanismus sorgte. *Sie* erkannten die puritanische Autorität an, als diese ihnen für ihre Eroberung der Haussastädte eine Rechtfertigung lieferte.

Beispiele, die dem Modell scheinbar oder tatsächlich widersprechen, lassen sich auch außerhalb der Wüste und der Steppe finden. Die stammesförmig organisierten Zaiditen (eine Art von Schiiten) im jemenitischen Oberland scheinen dem Heiligenkult weniger, und nicht mehr, ergeben als die orthodoxen sunnitischen Völkerschaften im stärker zentral regierten Unterland[1]. Nichtsdestoweniger aber scheint ein erblich bestimmter Kreis von religiösen Personen als Vermittler, Schiedsrichter und Anführer der gewöhnlichen Stämme eine beträchtliche Rolle zu spielen. Um ein anderes Beispiel zu nennen, haben unter den Stammesvölkern im omanischen Oberland die Charidschiten, die normalerweise als puritanisch gelten, führende Positionen inne. Es gibt auch zeitgenössische Erscheinungen, die dem Modell zu widersprechen scheinen. Im Ägypten nach Nasser scheint es in den Mittelschichten eine religiöse Erneuerungsbewegung zu geben, die sich

---

[1] Prof. R. B. Serjeant aus Cambridge lenkte meine Aufmerksamkeit auf diesen Punkt. Süd- und Ostarabien bilden gemeinsam ein bisher nicht völlig erforschtes soziologisches Laboratorium, in dem sich überprüfen läßt, ob die formale Doktrin oder die soziale Organisation den größeren Einfluß auf den tatsächlich geübten religiösen Stil ausübt. Man könnte erwarten, daß die Ibaditen im Hochland von Oman durch ihre Doktrin in eine schriftgläubig-egalitäre Richtung gedrängt werden, aber D. Eickelmans vorbereitende Untersuchungen legen nahe, daß die Ansprüche, die sich aus Abstammung und Familie herleiten, nicht ignoriert werden. Shelagh Weirs Material über den Nordjemen weist darauf hin, daß der Zaidismus, zumindest zur Zeit, seine Anhänger nicht auffallend von den Sunniten unterscheidet. Es mag sein, daß im gegenwärtigen ideologischen Klima – Vorherrschen des puritanischen Reformismus und Machtausübung der Saudis auf der Halbinsel – die Zaiditen nicht eben versessen darauf sind, Beobachter an ihre einstige Vorherrschaft und charakteristische Eigenart zu erinnern. Die Sunniten am anderen Ende des Jemen sind im Gegensatz dazu bereitwilliger, sich an die politische Bedeutung des Sektierertums zu erinnern.

nicht an die Scholastik der Azhar anschließt, sondern an den gebildeten philosophischen Sufismus, der, anders als beim unmittelbarer mit Sozialfunktionen betrauten Personenkult des bäuerlichen oder volkstümlichen Sufismus, eher in der Privatheit des persönlichen Bewußtseins und Bereichs als in der Sphäre der Öffentlichkeit kultiviert wird[1]. Dieser Sufismus weist im Gegensatz zum anderen einen *personalistischen* Charakter auf. In diesem Fall, könnte man sagen, hat sich die Wendung nach innen, auch wenn sie ohne Zweifel immer ein Bestandteil im muslimischen Mystizismus gewesen ist, so sehr von der öffentlichen, *sozialen* Ekstase der traditionellen Heiligenkulte und der damit zusammenhängenden Praktiken, getrennt, daß man sie überhaupt als ein verschiedenartiges Phänomen auffassen sollte. Hatte der neuentdeckte Puritanismus sich, wie im Ägypten Nassers der Fall, gesellschaftlich radikalisiert, so war es vielleicht natürlich, daß nach ihrer Wiederherstellung die liberale Bourgeoisie sich nach innen wandte.

Oder um noch ein anderes Beispiel zu nennen, scheinen im heutigen Algerien, obwohl dort ein strenger reformistischer Islam Staatsreligion ist, die Wahlen auf dem Land, wenigstens der Kabylei, von Leuten beherrscht zu werden, die aus alten marabutischen Familien stammen[2]. Es gibt indes keine Beweise dafür, daß diese Neo-Marabuts auch *als* Marabuts agieren. (Ähnliche Beobachtungen ließen sich auch im Aurèsgebirge oder bei den nach der Unabhängigkeit durchgeführten Wahlen im marokkanischen zentralen Hochatlas machen.) Wenn ein nach Zentralisierung strebender Staat bei seinen Bemühungen, das flache Land unter seine Herrschaft zu bringen, kleine

---

[1] Michael Gilsenan, The social life of Islam. Zugleich deuten Bruno Etiennes Forschungen über die Volksreligion im heutigen Casablanca auf eine bisweilen von oben ermutigte machtvolle Wiederbelebung des volkstümlichen Sufismus hin – mag diese sich auch nur der Unzulänglichkeit anderer therapeutischer und Unterstützung leistender Instanzen verdanken.

[2] Hugh Roberts, Holy lineages and local politics in Algeria.

Lokalhäupter ernennt oder gewinnt, bleibt ihm gar nichts anderes übrig, als auf den vorhandenen Fundus an politischem Talent und gewohnheitsmäßigem Führertum zurückzugreifen. In Gegenden mit stammesförmiger Segmentierung kommt solches Talent unverhältnismäßig oft aus den Heiligenfamilien. Darin drückt sich weniger eine Neubelebung des alten religiösen Stils aus als die Fähigkeit seiner Vertreter, sich neuen Aufgaben anzupassen.

Auf einer anderen Ebene steht das Modell im Widerstreit mit verschiedenen konkurrierenden Versuchen einer Gesamtdarstellung der muslimischen Gesellschaft. So hat es Versuche gegeben, sie unter die Kategorie »Orientalischer Despotismus« im Sinne Wittfogels einzuordnen. Die absolutistischen Prätentionen eines Großteils der offiziellen muslimischen politischen Theorie verschaffen dieser Auffassung zumindest einigen Rückhalt. Aber mir scheint, daß die Herrscher der betreffenden Staaten eher dem Anspruch nach als in Wirklichkeit absolut waren und daß die Bereitschaft, solche Prätentionen für bare Münze zu nehmen, eine Verwechslung des Wunschs mit der Realität bedeutet. In der Praxis waren die Herrscher gleichermaßen durch die göttliche Gesetzgebung und durch die Autonomie der Stämme eingeschränkt. Das Überraschende ist, daß dies gelegentlich sogar für die Stromtäler des Nahen Ostens gilt, von denen man erwarten würde, daß sie beispielhaftes Material zur Unterstützung der Wittfogelschen These liefern müßten. Offensichtlich ist es möglich, sogar die komplizierten Bewässerungs- und Trockenlegungsanlagen im südlichen Irak mit Hilfe einer nicht-zentralisierten Stammesführung und ohne den Einsatz einer »hydraulischen Bürokratie« zu betreiben; wobei, mehr noch, dieses dezentrale Management effektiver war als die zentrale Leitung, die danach kam[1]. Dann hat es auch Versuche von Neo-Marxisten gegeben, dem Modell einer besonderen nordafrikani-

[1] Robert Fernea, Sheikh and Effendi. Harvard UP 1970.

schen Produktionsweise näherzutreten, analog den Modellen von einer angeblich orientalischen bzw. afrikanischen. Modelle dieser Art, die besondere lokale Formen der Aneignung von Mehrprodukt wie z.B. die für bestimmte Perioden charakteristische Piraterie hervorheben, setzen genau das, was von zentraler Bedeutung und erklärungsbedürftig ist, schon voraus: nämlich das Vorhandensein eines lokalen Kräftegleichgewichts zwischen Staat, Stadt und Stämmen, das eben verhindert, daß aus der Landbevölkerung, den Stämmen, zuviel Mehrprodukt herausgepreßt wird.

Die verschiedenen Einwände sind in ihrem Gewicht unterschiedlich hoch einzuschätzen. Das auf die Stabilität des Osmanischen Reichs und auf seine Formen der Eliteauswahl (das gilt etwa auch für einige der mamlukischen Staatswesen) sich berufende Argument scheint mir das mit Abstand ernsthafteste zu sein. Es scheint in der Tat zu implizieren, daß es (mindestens) zwei verschiedene, traditionelle muslimische, gesellschaftspolitische Organisationstypen gibt. An vielen Stellen und bei vielen Gelegenheiten traten diese Idealtypen in Misch- und Zwischenformen auf. Der Einwand, der auf das Verhältnis von »Mythos und Realität« beim Segmentierungsmodell zielt, ist weniger gravierend, aber doch durchaus wert geprüft zu werden, vielleicht in etwas zusammenhängenderer Form, als das bisher geschehen ist. Die These von der »Märchenhaftigkeit« des Modells scheint mir fehlgeleitet, aber der Sachverhalt verdient weiter diskutiert zu werden. Die Rede von einem Puritanismus der Wüste scheint andererseits selber ein Märchen zu sein, wenngleich die rituelle Armut mancher Nomaden, wie auch die gelegentliche rituelle Enthaltsamkeit bei manchen Ackerbau treibenden Stammesvölkern, ein interessantes ethnologisches Problem darstellt. Solche Fälle, vorausgesetzt sie treffen zu, scheinen mir mehr den Charakter vereinzelter Ausnahmen zu tragen, von denen bedauerlicherweise alle soziologischen Theorien geplagt werden, als daß sie danach verlangten, die Theorie als solche über Bord zu werfen. Und es muß natürlich wiederholt werden, daß das Modell nicht auf muslimische Gesellschaften außerhalb der Trockenzone gemünzt ist.

Zum Teil ist die vorgelegte Theorie unter der Prämisse entworfen worden, daß jedes verständliche Modell besser ist als gar keins: Mindestens wirft es ein kennzeichnendes Licht auf diejenigen Gegebenheiten, die zu ihm im Widerspruch stehen, und läßt Probleme sichtbar werden. Ausgegangen wird von der Annahme, daß in der Trockenzone viele Jahrhunderte hindurch, von der Herausbildung des frühen Kalifats bis zu den Einwirkungen der westlichen Moderne auf die muslimische Welt, eine oder möglicherweise zwei Arten von Gleichgewicht zwischen den politischen, religiösen und ökonomischen Einrichtungen herrschten; und daß in diesem Verhältnis die Kontinuität schwerer wog als die Veränderungen. Das mag eine kühne Annahme sein, und sie zu bestreiten, ist in neuerer Zeit Mode geworden. Bestritten wird sie von Neo-Marxisten, die bestrebt sind, der These vom unaufhörlichen Wandel Geltung zu verschaffen; von jungen Ethnologen, die scharf darauf sind, gegen das funktionalistische Paradigma zu Felde zu ziehen; von Historikern, die in einer Zeit der expandierenden Sozialwissenschaften bemüht sind, die Unentbehrlichkeit ihrer eigenen Disziplin unter Beweis zu stellen; von Nationalisten oder reumütigen Okzidentalen, die darauf aus sind, die Lehre von der Stabilität bzw. Stagnation der muslimischen Welt als einen Fall von kolonialistischer Verunglimpfung anzuprangern[1].

Ich für mein Teil bin nicht davon überzeugt, daß sie grundsätzlich falsch ist: Wenn ich Ibn Khaldun lese, habe ich das Gefühl, in derselben Welt wie der von den Sozialanthropologen geschilderten zu sein, obwohl die letzteren doch tatsächlich einen Gesellschaftszustand aufzeichnen

---

[1] Siehe A. Laraoui, L'histoire du Maghreb. Essai de synthèse. Paris 1970; Edward Said, Orientalismus. Frankfurt a. M., Berlin 1981; Y. Lacoste, A. Nouschi u. A. Prenant, L'Algérie passé et présent. Paris 1960.

oder rekonstruieren, so wie er kurz vor dem vollen Einbruch der Moderne existierte. Vielleicht haben Umgestaltungen auf militärtechnologischem Gebiet Veränderungen in der gesamtgesellschaftlichen Struktur bewirkt[1]; das Auffallende für mich ist, daß die Einführung von Feuerwaffen das Kräftegleichgewicht zwischen Zentralstaat und Stammesorganisation nicht entscheidend verändert zu haben scheint. Die weitläufige Macht des Glawi im westlichen Hochatlas ist dem Umstand zugeschrieben worden, daß er im Besitz einer Krupp-Kanone war; aber auch ohne daß man von den Früchten deutscher Ingenieurkunst profitiert hätte, kam es andernorts zu ganz ähnlichen Machtkonzentrationen. (Eine Familie im zentralen Hochatlas erlangte in ihrem Stamm eine Vorrangstellung und schrieb dies der Tatsache zu, daß sie als erste ein Schnelladegewehr besaß; aber man hat den Eindruck, daß dies eher ein Ausdruck als der Grund ihrer Stellung war.) Ein Ethnologe, der in den fünfziger Jahren in Südarabien Feldforschung betrieb, stellte zu seinem Erstaunen fest, daß im Rahmen der üblichen Verlust/Gewinn-Bilanzrechnung zwischen einander befehdenden Klans zu den Toten, die in der Bilanz auftauchten und von denen es ehrenhalber in der Schlußabrechnung immer auf beiden Seiten gleich viele geben mußte, auch solche zählten, die durch *Pfeile* umgekommen waren: d. h. also, daß diese Bilanzen Jahrhunderte hindurch geführt worden waren und bis in die Zeit vor Einführung der Feuerwaffen reichten[2]. Demnach überstanden Institutionen dieser Art militärtechnologische Umwälzungen, allem Anschein nach ohne sich selber nennenswert dabei zu verändern. Das Beispiel ist natürlich nur ein Indiz, nicht ein Beweis für Kontinuität; aber ich bin der Meinung, daß diese Kontinuität tatsächlich bestand.

[1] David Ayalon, Gunpowder and firearms in the Mamluk kingdom. A challenge to a medieval society. London 1956.
[2] John Hartley, The political organisation of an Arab tribe of the Hadramaut. Unveröffentlichte Doktorarbeit, University of London 1961.

Die Daten aus dem Maghreb, die ursprünglich dasjenige waren, was mich zu dem allgemeinen Modell inspirierte, mögen eine recht schmale Basis für so weitreichende Ansprüche sein. Sie sind natürlich durch andere verfügbare ethnographische Fakten vervollständigt worden. Ich habe alle Anstrengungen unternommen, mit größtmöglicher Redlichkeit auch solche Fakten und Interpretationen zur Kenntnis zu nehmen, die das Modell nicht stützen. In den letzten paar Jahrzehnten ist sozialanthropologisches Material über muslimische Gesellschaften in immer größerem Maßstab angehäuft worden und erstreckt sich inzwischen über eine Vielzahl geographischer Regionen. Wenn sich irgendeine Lehre, irgendeine Moral aus dieser ständig wachsenden Datenmasse ziehen läßt, so diese, daß die Welt Ibn Khalduns, wenngleich modifiziert, auf der mikrosozialen Ebene lange Zeit Bestand hatte. Zweifellos ist Ethnologen gegenüber Mißtrauen am Platze: Haben sie nicht eine Schwäche fürs Archaische, weil sie Lakaien des Kolonialismus sind oder aus reiner Nostalgie für eine verlorengegangene *Gemeinschaft?* Aber unbeschadet dieses Mißtrauens scheinen mir ihre Berichte vom Leben auf dem Land und in der Stadt ein kohärentes und überzeugendes Bild zu ergeben; und worin dieses Bild besteht, habe ich herauszuarbeiten versucht.

Ist aber alles gesagt und getan, so bleibt schließlich ein Bild, dem Fakten aus dem Maghreb, aus der ethnologischen Literatur oder aus beiden Quellen zugleich zugrunde liegen, ein Bild, dessen Hauptgedanken verschiedenen einschlägig erscheinenden Soziologien entlehnt sind und das entsprechend weniger Gebrauch von der orientalistischen und der historischen Literatur macht[1].

Man kann in der Tat fragen, warum Ibn Khalduns Modell als Grundlage genommen, die osmanische Gesellschaftsformation hingegen als bloße Spielart oder Überla-

---

[1] Eine wertvolle Übersicht über die klassischen orientalistischen Interpretationen des Islam gibt J. Waardenburg, L'Islam dans le miroir de l'occident. Den Haag 1969.

gerung behandelt wird. Ist das keine Willkür? Ist das durch ein statistisch feststellbares Übergewicht gerechtfertigt, das, sei's der Menge politischer Einheiten, sei's der Bevölkerungszahl nach, der eine Typ über den anderen hat? In ›The venture of Islam‹, dem vermutlich anspruchsvollsten und konsequentesten modernen Versuch, von der muslimischen Gesellschaft eine zugleich soziologische *und* historische Darstellung zu geben, stellt Marshall G.S. Hodgson z.B. fest: »Ibn Khalduns Muqaddima ... zweifellos die beste allgemeine Einführung in die islamische Zivilisation, die je geschrieben wurde ... beleuchtet sehr eindrucksvoll den politischen Staat des Islam in der mittleren Periode ... Er vermochte nicht die Rolle abzuschätzen, die bürgerliche politische Kräfte unter besseren Umständen spielen konnten, wie sie es in früherer und späterer Zeit auch taten.«

So zu reden, bedeutet in gewisser Weise, die »mittlere Periode« als eine Art Abweichung und demnach auch Ibn Khalduns Darstellung als die Schilderung von etwas, das abweicht, zu behandeln. Mir scheint es angemessener, diese lange mittlere Periode als das Typische, als Ausdruck des wirklich relevanten Idealtyps einer muslimischen Gesellschaft aufzufassen. Hat die Zeit, die dieser mittleren Periode vorausging, viel mit der ihr folgenden gemein (außer daß sie oft zur Rechtfertigung heutiger Reformen beschworen wird)? Bedeutet die dieser mittleren Periode folgende Zeit, mit anderen Worten, die *Moderne*, wirklich den Triumph *bürgerlicher* politischer Kräfte? Und ist es nicht vielmehr bezeichnend, daß die Sozialanthropologen, wenn sie sich in die Mikrostrukturen der muslimischen Gesellschaften hineinwühlen, gewöhnlich mit einer Schilderung zurückkehren, die mit derjenigen Ibn Khalduns sehr wohl vereinbar ist?

Denkbar ist auch ein Einwand, der eher von innerhalb als von außerhalb der Ethnologie kommt. In Ostafrika gibt es hirtennomadische Gesellschaften, die, wenn auch in Symbiose mit nicht-hirtennomadischen Gesellschaften lebend, doch aber unabhängig von Städten und städtischem Handel und Handwerk sind. Sie scheinen mit anderen Worten imstande, ohne die produktionseigentümliche, militärische oder kulturelle Technologie auszukommen, die die muslimischen hirtennomadischen Stämme in solcher Abhängigkeit von den Städten hält. Zeigt dies, daß die Verknüpfung zwischen stammesgebundenem und städtischem Leben im Islam der Trockenzone eher einem kulturellen als einem ökologischen Gebot entspringt? Es wäre interessant, hierauf eine Antwort zu haben, und eine zuverlässige Antwort könnten nur sehr sorgfältige quantitative vergleichende Untersuchungen liefern, die den Anteil feststellten, den vom städtischen Markt stammende Produkte an der Gesamtausrüstung der Stämme haben.

Die wirkliche Berechtigung für den hier vertretenen Standpunkt scheint mir darin zu liegen, daß in jedem mamlukischen Staatswesen viele Ibn Khaldunsche Gesellschaftsformationen verborgen zu liegen und heftig nach ihrer Freisetzung zu verlangen scheinen – und häufig genug auch mit Erfolg, sei's daß sie ein politischer Aufstand, sei's daß ein forschender Ethnologe sie freilegt. Erst unter modernen Verhältnissen, mit einem Zentralstaat, der über ganz neue und noch nie dagewesene Zwangsmittel, und einer neuen Ökonomie, die über ganz neuartige Lockmittel verfügt, fangen diese alten Formen ernstlich an, sich aufzulösen; aber selbst dann hilft noch die Konstellation, in der die alten Formen sich im Augenblick des Einbruchs der Moderne befanden, der genaue Punkt, an dem das Pendel zum Stillstand kam, die spezifische Richtung zu erklären, die die einzelnen muslimischen Länder auf dem Weg zu neuen Formen einschlugen.

Wird also auch einesteils das Modell unter der Vorgabe vorgebracht, daß jegliches Modell immerhin besser als gar keines ist, so ist die darin sich ausdrückende Bescheidenheit oder, wenn man so will, Bemühung um Absicherung am Ende doch weit entfernt davon, rückhaltlos zu sein. Wenn das Modell vorgetragen wird, so zugleich in der Überzeugung, daß es die Art, wie in diesem Fall Lebensweise, Sozialorganisation und Ideologie sich zu einer einzigen, scharf ausgeprägten Zivilisation verschränken, alles in allem tatsächlich zu erfassen vermag; daß es erklärt, *wie* die spezifische Verschränkung jener Momente Stabilität und Spannungen in dieser Zivilisation bewirkte und wie sie auch heute noch die unterschiedlichen Wege beeinflußt, auf denen diese Zivilisation zu guter Letzt in die Welt der Moderne eintritt.

Zur Umschrift: Allgemein gebräuchliche arabische Begriffe, Namen und vereinzelt auftretende -ismen haben wir eingedeutscht. Bei weniger bekannten und vor allem bei in der französischen Schreibweise geläufigen nordafrikanischen Orts- und Personennamen haben wir die Umschrift des Originals beibehalten. Arabische Termini indessen wurden der Umschrift der Deutschen Morgenländischen Gesellschaft angeglichen; auf die defektive dialektale Form wurde Rücksicht genommen.

ā, ī, ū	langer Vokal
ʾ	Stimmabsatz
ṯ	stimmloses th (engl. thing)
ǧ	stimmhaftes dsch (ital. giorno)
ḥ	stark gehauchtes h
ḫ	rauhes ch (dtsch. Bach)
ḏ	stimmhaftes th (engl. that); marokkanisch wie d
z	stimmhaftes s (dtsch. Rose)
š	sch
ṣ	emphatisches stimmloses s
ḍ	emphatisches d
ṭ	emphatisches t
ẓ	emphatisches stimmhaftes s
ʿ	gepreßter Kehllaut
ġ	Gaumen-r
q	dumpfes k

Zu den Zitaten: Zitate aus arabischen, französischen und deutschen oder ins Deutsche übersetzten Werken haben wir, ausgenommen die wenigen nicht nachweisbaren Zitate, im Original bzw. der Übersetzung aufgesucht und mit der in der englischen Ausgabe häufig fehlenden Seitenzahl versehen. Einzig die ebenfalls mit dem Original verglichenen Zitate aus dem Werk Ibn Khalduns haben wir, angesichts der verschiedenen arabischen Ausgaben dieses Werks und aus Gründen seiner Zugänglichkeit für Nicht-Orientalisten, mit den Band- und Seitenangaben der englischen Übersetzung versehen.

Susanne Enderwitz
Ulrich Enderwitz

Namenregister

Abd el Krim 122
Abraham 32, 125
Aga Khan 147
al-ʿAbbās 109
Amir Abd el Kader 91, 122
Anderson, Perry 177f.
Andreski, S. 54
Antonius 35
Atatürk, Kemal 10, 161
Augustinus 17, 25

Badia, G. 88
Bellarmin 36
Benedikt 35
Berque, Jacques 56
Brasidas 36

Charney, J.-P. 24f.
Churchill, C.H. 91
Cook, Michael 8, 16

dan Fodio, Osman 151f., 189
Daumas, General 91
de Slane, Baron Meg. 110
Dominikus 35
Durkheim, Emile 94, 115

Eliot, T.S. 18
Engels, Friedrich 72, 94, 110ff., 114, 136
Evans-Pritchard, Sir Edward Evan 27, 29, 90, 94

Franziskus 35
Frazer, Sir James G. 16f., 37
Friedman, Milton 85

Gaddhafi 146ff.
Gallissot, R. 88
Gibbon, Edward 17

Hassan, Riaz 154
Hektor 35
Hegel, G.W.F. 9, 26

Herakles 35
Herder, J.G. 188
Hobbes, Thomas 64
Hodgson, Marshall G.S. 24, 180, 196
Hume, David 17, 27ff. 33, 35ff., 86f., 100, 126, 128, 151
Hussein 102f.

Ibn Khaldun 46ff., 56ff., 64ff., 72ff., 80f., 84ff., 91, 100, 108, 110, 126, 128, 134, 160, 168ff., 184, 193, 195ff.
Ibn Saud, s. Mohammed ibn Saud
Isaak 32

Jakob 32
Jamous, Raymond 164
Jehova 32f.
Jung, C.G. 18

Kadi von Medina 146
Karl der Große 9, 26
Keynes, J.M. 84f.
Khazanov, A.M. 56, 66, 79
Khomeini, Ayatollah 141, 157, 161
Kierkegaard, Sören 25
Kovalevsky, M.M. 94, 110
Kuhn, Thomas 123

Lawrence, T.E. 91
Lévi-Strauss 81
Lucas, Philippe 94
Luther, Martin 36

Macfarlane, Alan 169
Maistre, Joseph de 144
Mantran, Robert 171
Manuel, Frank E. 29
Markov, G.E. 79, 81
Mardin, Serif 137
Maria 35
Marx, K. 94, 110, 112, 134, 142, 158
Mead, Margaret 143

201

Sachregister